理财中的
经 济 学

刘彦斌

/

著

中信出版集团 | 北京

图书在版编目（CIP）数据

理财中的经济学 / 刘彦斌著 . -- 北京：中信出版
社 , 2021.4
　　ISBN 978-7-5217-2920-7

　　Ⅰ . ①理… Ⅱ . ①刘… Ⅲ . ①私人投资—通俗读物
Ⅳ . ① F830.59-49

　　中国版本图书馆 CIP 数据核字（2021）第 042651 号

理财中的经济学

著　　者：刘彦斌
出版发行：中信出版集团股份有限公司
　　　　　（北京市朝阳区惠新东街甲 4 号富盛大厦 2 座　邮编　100029）
承 印 者：三河市科茂嘉荣印务有限公司

开　　本：880mm×1230mm　1/32　　印　张：8.75　　字　数：92 千字
版　　次：2021 年 4 月第 1 版　　　　印　次：2021 年 4 月第 1 次印刷
书　　号：ISBN 978-7-5217-2920-7
定　　价：59.00 元

目 录

前 言

这本书是我写的第十本书，对于我这个上中学时连作文都写不好的人来说，这简直是个奇迹。人生无常，总有你想不到的事情发生，当作家这件事远远超出我的人生规划，属于意外的人生收获。

我一直想写一本关于经济学的书，因为我被人称为经济学家（我自己觉得不配），不写一本关于经济学的书，似乎说不过去。这件事我已经想了很多年，写完这本书，也算了却了我的一个心愿。

我是研究家庭经济学的，也就是研究个人和家庭经济问题的，通俗地说叫家庭理财，属于微观经济学范畴。普通人大都缺乏经济学知识，对很多经济现象感到茫然，所以我想写一本关于经济学的书，在社会大众范围内普及一下经济学常识。本书共分五章，书的结尾加了一个后记。

第一章：宏观经济学的基本概念。所谓宏观，就是指跟所有人有关。我们每个人都生活在宏观经济的环境中，宏观经济是大海，个人就是海里的一条鱼，潮起潮落，随波逐流。了解宏观经济形势，对安排好个人经济生活大有裨益。这一章主要讲宏观经济的基本概念，包括国内生产总值（GDP）、通货膨胀、通货紧缩、国际收支、宏观经济政策对社会经济生活的影响，最后简单介绍经济周期理论。

第二章：金融学的基本常识。你的经济生活一定离不开金融市场、金融机构和金融工具，了解一些这方面的知识对你的理财会很有帮助。读完这一章，你会发现，金融学一点儿都不难。

第三章：家庭中的经济学。这一章是本书的核心内容。本章介绍了婚姻经济学、消费经济学和资产配置经济学。学好家庭经济学，对你处理好家庭中的财务问题，让家庭生活更美满有着至关重要的作用。

第四章：保险中的经济学。保险是家庭财富安全的基石，是家庭财富的保护伞。本章主要立足于保险实务，阐述了购买保险的意义和作用，并对各类保险产品进行了详细介绍，对投保人的实际操作进行了具体指导。阅读本章，会在操作方法上对你有非常大的帮助，能够帮助你明明白白买保险。

第五章：股票中的经济学。股票是最大众化的长期投资工具，在"房住不炒"的长期政策之下，股票投资的重要性日益突显，股票在家庭资产配置中的地位越来越重要，所以你非常有必要学习关于股票投资的知识。在这一章中，我会把自己20多年股票投资的经验和感悟跟大家分享，一定会对你有所启发和帮助。

后记：金钱与人生。金钱是人们生活中的必需品，在现代商品社会里，没有钱的生活寸步难行。中国有句俗语："钱不是万能的，但没有钱是万万不能的。"这句话充分说明了金钱对人生的重要性。在后记中，我对金钱的重要性总结了10句话，跟大家分享，希望能对你有所启发。

我将这本书献给我亲爱的儿子，你是科班学金融的，也算子承父业。爸爸不奢望你成为天才，只希望你努力工作，幸福生活，做一个对家庭和社会有用的人。

　　普通人学习经济学知识，不会成为经济天才，但是可以对各种经济现象有更清晰的认识，更好地安排自己的工作和生活。最后，祝愿大家身体健康，生活幸福！

刘彦斌

2020年9月　于北京

第一章

宏观经济学的
基本概念

宏观经济和个人的经济生活是密切相关的，所谓宏观就是和所有人有关。我们的活动总是处在一定的经济大环境之下，包括国际经济形势和国内经济形势。宏观经济好比大海，而每个人就是大海里的一条鱼，鱼离不开海。如果宏观经济形势好，个人和企业就会有更多的商业机会，日子会好过得多。如果宏观经济形势不好，那么企业和个人都要勒紧裤腰带过日子。因此，了解宏观经济形势和各种宏观经济政策，可以为个人和企业的经济活动提供依据。了解宏观经济，简单来说就是要弄清楚国内生产总值、居民消费价格指数、利率、汇率、财政政策、货币政策这些专业术语背后的逻辑。在此基础上，还要了解上述各个因素的相互关系对个人生活和企业活动会产生怎样的影响。股票投资领域有一句名言：能看准大势者才能赚大钱。因此，要把握好大的经济形势，你就要掌握基本的宏观经济知识，据此进行分析和判断，理解国家的宏观经济政策导向和未来的变动趋势，从而合理地安排自己的经济生活。我们在这一章中就来阐述一下和个人经济生活最紧密相关的宏观经济知识。

第一节

宏观经济指标

一、国内生产总值（GDP）

国内生产总值是指一个国家在某段时期（通常为一年）内所生产的所有最终产品和服务的价值总和，说白了，就是这个国家的全体国民在这一年中创造了多少财富。国内生产总值是衡量一个国家经济运行规模最重要的指标。

理解GDP这一概念，要注意以下几点。

第一，GDP是一个市场价值的概念，各种最终产品的市场价值就是用这些最终产品的价格乘以相应的产量，然后加总。

第二，在计算GDP的过程中，中间产品的价值不计算在内，否则会造成重复计算。

第三，GDP是一个国家在一定时期内生产的，而不是所销售的最终产品价值。

第四，GDP是指生产活动所产生的价值，家庭劳动和自给自足等非生产活动不包括在内。

我们通常用支出法来衡量GDP。所谓支出法，就是通过计算在一定时期内整个社会购买最终产品的总支出来计量GDP。在现实生活中，对最终产品的需求包括三个部分：消费、投资和净出口。

1. 消费支出包括居民消费和政府消费两部分

居民消费是指本国居民对最终产品的购买，比如汽车、食物、服装、医疗、旅游等。政府消费是指政府购买物品和劳务的支出。宏观经济学通常用C表示消费支出。

2. 投资包括企业投资和政府投资两部分

企业投资包括固定资产投资和存货投资两部分：固定资

产投资是指新厂房、新设备、新住宅等的投资，固定资产投资主要包括制造业投资、基础设施投资和房地产投资三部分；存货投资是指企业库存的增加或减少。政府投资是指政府在经济活动中的直接投资行为。在宏观经济学中，我们通常用 I 表示投资支出。

3. 净出口是指一国出口额与进口额的差额

出口是指本国的产品和劳务输出到国外，由外国的居民、企业和政府对这些产品和劳务进行购买。进口是指本国居民、企业和政府对外国生产的产品和劳务进行购买。在宏观经济学中，我们通常用 X 表示出口，用 M 表示进口，净出口就是 X–M。按照支出法，GDP = C + I + (X – M)。

GDP的变动是一个国家经济成果的根本反映，反映了一个国家的综合实力，GDP的变动会对全社会经济生活产生极其重大的影响。中国改革开放四十多年来，在伟大的中国共产党的领导下，中国经济保持了持续高速增长，年均增长率近10%，社会财富大幅增加，中国成为世界第二大经济体，中国在国际社会中的地位日益重要，拥有了越来越多的话语权，这一切都源于经济实力的强大。伴随着GDP的高速增长，中国的居民收入大幅增加，人民的生活水平显著提高，生活幸福感日益提升。与此同时，越来越多的中国企业进入世界500强，国有企业和民营企业都得以发展壮大，市场竞争力显著增强。一言以蔽之，伴随着中国经济的持续高速增长，国家富强了，企业富强了，人民富强了。中国的经济目前已经由高速增长阶段进入中速、高质量增长阶段，未来中国的经济依然有广阔的发展前景，因为中国已经具备良好的经济基础。更重要的是，中国拥有14亿勤劳勇敢的人民，每个人都有向往美好生活的追求和努力，这是中国经济持续发展的源源不断的动力。

下面说点儿具体的，我们来分析一下GDP增速对个人的影响。

我们把经济增长速度划分为三个等级。

- 高速增长：GDP年增长率超过8%。

- 中速增长：GDP年增长率在5%到8%之间。

- 低速增长：GDP年增长率低于5%。

GDP处于高速增长阶段的主要表现为：就业机会多，收入增长快；商业活动活跃；资产价格整体上涨幅度大；社会负债率增加（包括政府、企业和居民负债率）。

GDP处于中速增长阶段主要表现为：就业机会减少，收入增长慢或停止增长；商业活跃度下降；资产价格涨幅回落；社会负债率开始下降。

GDP处于低速增长阶段主要表现为：失业人数增加，收入停止增长或负增长；商业活动不活跃；资产价格平稳或下降；社会负债率明显下降。

总的来说，经济高速增长，个人的机会增多，大家日子都好过，也敢于借钱消费和投资；经济增长速度下降，个人的机会减少，收入也少了，大家要勒紧裤腰带过日子。我们都是在经济的大环境里生存的，大趋势裹挟着个人前行，个人的力量是很渺小的，你对抗不了趋势。你可能觉得我说得太绝对，我不否认有例外，但那是极少数人。对于绝大多数人来说，大家都要"随波逐流"。

二、通货膨胀

通货膨胀是指用某种价格指数衡量的物价水平的持续、普遍、明显的上涨。我们通常用居民消费价格指数（CPI）来反映通货膨胀水平。CPI是反映一定时期内城乡居民所购买的生活消费品价格和服务价格变动趋势和程度的相对数，一般是用当年某一时期的价格水平跟过去一年同一时期的价格水平相比较获得的，该指数用来分析消费品的零售价格和服务价格变动对城乡居民实际生活支出的影响程度。通货膨胀不但会影响居民的生活，还会影响个人的投资，下面我们重点讲解一下通货膨胀。

1. 通货膨胀的分类

按照物价的上涨速度，通货膨胀可以分为温和的通货膨胀、奔腾的通货膨胀和恶性的通货膨胀。

· 温和的通货膨胀是指物价缓慢上涨，每年上涨的幅度在

3%~4%，货币价值每年下降，但居民不容易感到物价上涨的压力。温和的通货膨胀是一种正常的经济现象，是经济发展的必然产物，没有什么可大惊小怪的。一般认为，温和的通货膨胀对于经济增长是有利的，还可以增加就业。

· 奔腾的通货膨胀是指通货膨胀加速，政府已经难以控制，居民对货币丧失信心，认为物价会持续上涨，纷纷购买商品，结果导致物价更快上涨。奔腾的通货膨胀一般指物价的年上涨幅度在10%左右。奔腾的通货膨胀对居民生活和国家经济发展影响巨大。因此，政府通常设立通货膨胀预警线，一般为5%。超过预警线，政府会采取措施进行干预，因为通货膨胀一旦加速，政府就不容易控制了。

· 恶性的通货膨胀是指物价迅速上涨，货币持续贬值，居民完全丧失对货币的信心，大量抢购物资和外币。恶性通货膨胀的物价上涨幅度会达到每年百分之几十甚至更多。

2. 通货膨胀的原因

通货膨胀可以分为需求拉动型、成本推动型、输入型和结构型四种。

- 需求拉动型通货膨胀是指在一定时期内，消费需求和投资需求的增加超过商品和劳务供给量的增加，导致商品和劳务供不应求，物价上涨。
- 成本推动型通货膨胀是指由于原材料、燃料（煤炭、石油、铁矿石）等投入品的价格和工资等成本的上升，生产效率不变而引起的物价上涨。
- 输入型通货膨胀是指在开放型经济中，由于一国经济与国际市场联系紧密，当国际市场上存在通货膨胀、价格上涨等现象时，这种价格上涨就会通过国际贸易等传导途径从国外传播到国内，从而引起国内价格普遍、持续的上涨。
- 结构型通货膨胀是指在总需求和总供给大体均衡的情况下，由社会经济结构方面的因素引发的通货膨胀。

3. 通货膨胀的治理

温和的通货膨胀对经济发展是有利的，但是超过一定的限度（物价年上涨幅度 5%），就会对经济发展产生不利的影响。一旦发生超过预警线的通货膨胀，就必须及时治理。这种治理要从多方面入手。

- 控制货币供应量。由于通货膨胀形成的直接原因是货币供应量过多，因此治理通货膨胀最直接的对策就是控制货币供应量，使之与货币需求量相适应，从而稳定物价。而要控制货币供应量，就要实行从紧的货币政策。
- 控制社会总需求。各个国家对总需求的控制，主要通过实施正确的财政政策和货币政策来实现。在财政政策方面，主要是压缩财政支出，减少财政赤字。在货币政策方面，主要是减少货币投放。各个国家一般都会配合使用两种政策。
- 增加商品的供给。政府通过调整产业和产品结构，增加短缺商品的生产。
- 政府通过限价、减税等措施来治理通货膨胀。

通货膨胀是一种复杂的经济现象，其原因是多方面的，治理通货膨胀也是一项系统工程，各种治理方案要配合使用才能取得理想的效果。

我们都生活在商品社会，通货膨胀不可避免。正是因为有通货膨胀的存在，我们才要学会理财，理财的目的就是使手中的资产跑赢通货膨胀。

三、通货紧缩

通货紧缩与通货膨胀相反，是指在现行物价水平下，一般商品和劳务的供给量超过需求，货币数量比商品和劳务少，物价水平下降。通货紧缩通常与经济衰退相伴而生，表现为投资机会减少，投资收益下降，信贷增长乏力，企业开工不足，消费需求减少，居民收入增加速度缓慢等迹象。

1. 通货紧缩的原因

- 紧缩的财政政策和货币政策。紧缩的财政政策：减少政府支出和增加税收。减少政府支出和增加税收会造成国民收入的减少，会压缩社会总需求。而中央银行采取紧缩的货币政策，如提高银行存款准备金率、提高贴现率等，同样可以达到通货紧缩的目的。

- 经济周期的变化。经济周期是指经济活动的扩张和收缩反复出现的过程。在经济周期波动的扩张阶段，市场需求旺盛，企业订单饱满，经济繁荣。在经济周期波动的收缩阶段，市场需求疲软，商品滞销，企业经营困难。可见，在经济周期的收缩阶段会出现通货紧缩。

- 投资和消费的有效需求不足。有效需求不足和生产过剩互为因果，居民收入增长过慢也制约了有效需求。

- 结构失调。结构失调是指一国的部门结构、产业结构或比例结构之间不协调。比如，具有8亿农民消费者的巨大农村市场被企业忽视，导致农村市场的有效需求不足，许多企业只有在自己的产品严重积压时才想到农村市场的消费潜力，但是由于产品不对路，又无法被农民接受。这样就使得社会商品的供给总量和供给结构双重失衡，导致通货紧缩。

2. 通货紧缩的影响

* 导致社会总需求不足。预期价格持续下降会减少人们对商品和劳务的购买，抑制当前的消费，从而导致经济的恶性循环，社会总需求会进一步下降。

* 影响货币的正常运转。通货紧缩—价格下降—贷款人减少开支—出售资产—企业盈利下降而裁员减薪—经济需求进一步减少—进一步紧缩。

* 社会动荡因素增加。企业利润减少、股票价格下跌，房价下跌、贷款买房人资不抵债，失业率增加、家庭收入减少，这些都会导致社会的不安定因素增加。

3. 通货紧缩的治理

　　与通货膨胀相比，通货紧缩是一个让各国政府更头痛的问题，因为它更加难以治理。通货紧缩会导致经济大面积衰退，所以政府必须实行扩张的财政政策和宽松的货币政策，通过刺激投资和消费来增加社会的有效需求。关于财政政策和货币政策，我们会在后文阐述。

四、国际收支

国际收支是指一个国家在一定时期内，从国外收进的全部货币资金和向国外支付的全部货币资金之间的对比关系。收支相等被称为国际收支平衡，收入大于支出被称为国际收支顺差，支出大于收入被称为国际收支逆差。一国长期国际收支逆差是一个国家经济状况恶化的表现，极易导致债务危机。

第二节

宏观经济政策

一、宏观经济政策目标

宏观经济政策是政府为了促进经济发展和增进社会福利而制定的解决经济问题的指导原则和措施，是政府为了达到一定的经济目标而对经济事务所做的有意识的干预。宏观经济政策是为了实现一定的经济目标而制定出来的，宏观经济政策目标包括充分就业、物价稳定、经济持续稳定增长和国际收支平衡。

1. 充分就业

由于失业会给失业者本人和家庭带来损失，因此，降低失业率，实现充分就业，常常成为制定宏观经济政策时政府所考虑的重要甚至首要目标。所谓充分就业，是指除了自愿性失业和摩擦性失业，所有愿意参加工作的人都能按照他们意愿接受的工资找到职业的一种状况。要注意一点，充分就业并不是百分之百就业，我们一般认为5%左右的失业率是正常情况。

2. 物价稳定

由于通货膨胀（超过温和的通货膨胀）对经济有不良影响，所以保持物价的总体稳定是政府制定宏观经济政策的目标之一。温和的通货膨胀是经济发展的必然规律，因此物价总体来说应该是小幅上涨的，物价水平一旦大幅波动，就必须进行控制，要使之保持相对稳定。

3. 经济持续稳定增长

经济增长是指一个国家的GDP在一个特定时期内持续增长。经济增长会增加社会福利，缓解失业压力，但也有可能引发通货膨胀，因此并不是经济增长越快越好，经济增长的快慢要和国家的总体经济状况相符合。

4.国际收支平衡

伴随着经济全球化和国际化，如何平衡国际收支也成为一国宏观经济政策的重要目标。一个国家的国际收支状况不仅反映出该国的对外经济交往状况，还反映出该国经济的稳定程度。当一个国家的国际收支处于长期逆差状态时，这就必然会对国内经济造成冲击，从而影响该国的就业水平、物价水平和经济增长。

一般认为，国家要实现宏观经济政策目标，政府运用的各种手段要相互配合，协调一致。下面，我们就来看看政府调控经济的主要政策：财政政策和货币政策。

二、财政政策

1.财政政策的内容

财政政策工具是一国的财政当局为了实现既定的宏观经济政策目标所选择的操作手段，主要包括变动政府支出、变动税收和国债发行规模。

- 政府支出包括购买性支出和转移性支出。购买性支出是指政府在失业救济和其他福利方面的支出。当总需求水平过低、经济衰退时，政府可以提高购买水平，刺激经济回升。当总需求水平过高、经济过热时，政府可以减少对商品和劳务的需求，降低购买水平，抑制通货膨胀。转移性支出也是一项重要的财政政策工具。在经济衰退、失业率上升时，政府可以增加社会福利费用，提高转移性支出的水平，从而增加居民的可支配收入，刺激经济回升。反之，在经济过热时，政府可以减少转移性支出水平，从而减少居民的消费支出，抑制通货膨胀。

- 税收不仅是国家财政收入的主要来源，也是国家实施财政政策的重要手段。在经济衰退时，政府可以通过降低税率，减少税收，来增加社会总需求，刺激经济增长。在经济过热时，政府可以通过提高税率，增加税收，来减少社会总需求，抑制通货膨胀。

- 国债也是重要的财政政策工具。国债的发行既可以筹集资金，弥补财政赤字，又可以影响资金市场中的货币供求，从而调节社会的总需求水平，对经济产生扩张或抑制作用。

- 在经济衰退时，政府通过增加支出、降低税收、增发国债等手段刺激经济的政策，我们称为扩张性财政政策。在经济过热时，政府通过减少支出、增加税收和减少国债等手段抑制通货膨胀的政策，我们称为紧缩性财政政策。

2. 财政政策与股票市场的关系

政府实施扩张性财政政策对股票市场的影响有以下几点。

- 减少税收。降低税率，减少税收，可以增加企业收入，提升上市公司利润，从而提高股票价格。

    1 增加财政赤字，扩大财政支出。

    2 增加政府采购，会增加有关上市公司的利润，提高股票价格。

    3 居民收入增加，对证券市场的信心增强，提高股票价格。

4 政府直接投资增加，比如投资能源、基础设施、住宅等，可以带动相关行业（水泥、钢材、机械、铁路等行业）的发展，提升相关上市公司的业绩，提高股票的价格。

- 增加财政补贴。财政补贴是财政支出的一种重要形式，财政补贴会提升相关上市公司的利润，提高股票价格。

紧缩性财政政策对股票市场的影响与上述情况相反。财政政策对股票市场的影响是非常复杂的，我上面讲的几点影响是理论上的，投资人要结合其他方面的情况综合进行分析，进而做出投资决策。

三、货币政策

一国的中央银行通过控制货币供给量以及调节利率、汇率，进而影响投资和整个经济以达到一定经济目标的行为就是货币政策。货币政策分为扩张性货币政策和紧缩性货币政策。扩张性货币政策就是通过增加货币供给量来带动货币总需求的增长，比如降低利率、降低存款准备金率、量化宽松等等。当货币供给量增加时，利率会降低，获取信贷更为容易，投资增加，因此，在经济萧条时，政府要多采用扩张性的货币政策。相反，在经济过热时，政府要多采用紧缩性货币政策，比如提高利率、提高存款准备金率等等。

1. 货币政策的主要工具

- 调整再贴现率。再贴现是商业银行和中央银行之间的信贷行为。再贴现率就是中央银行对商业银行的贷款利率。中央银行可以通过提高再贴现率减少货币的供给。

- 变动法定存款准备金率。各国中央银行对商业银行吸收的公众存款，规定一个必须存放在中央银行的准备金，称法定存款准备金。法定存款准备金和全部存款的比率就是法定存款准备金率。中央银行可以通过提高法定存款准备金率来减少货币的供给。反之，可以增加货币的供给。

- 公开市场业务。公开市场业务是指中央银行在金融市场上公开买卖政府债券以控制货币供给量和利率政策的行为。公开市场业务是中央银行最常用的调控货币供给量的工具。

- 变动利率。利率政策是货币政策的重要组成部分，也是货币政策实施的主要手段之一。中央银行通过调整利率，进而直接影响货币的供求状况，实现货币政策的目标。

- 量化宽松。量化宽松就是印钞票。中央银行在经济危急时刻，会绕过金融机构，直接在市场上买入债券和股票，为企业提供流动性。2020年新冠肺炎疫情期间，美联储就是这么做的。

- 变动汇率。各国中央银行通过制定汇率政策来促进国际收支平衡，保持宏观经济和金融市场的稳定。

2. 货币政策和股票市场的关系

货币政策对股票市场的影响主要包括以下三个方面。

- 调整利率对股票价格的影响。首先，利率是计算股票价值的重要依据，当利率上升时，股票价值下降，股票价格下跌。反之，股票价格上升。其次，利率上升，会增加上市公司的融资成本，影响上市公司的利润，进而影响股票价格。而利率下降会降低上市公司的利息负担，增加利润，提升股票价格。再次，利率降低，会促使投资人将储蓄转化为股票投资，促使股票价格上升，利率提高则会使投资人将股票投资转化为储蓄，造成股票价格下跌。利率的变动对股票价格的影响是非常明显、非常迅速的。但是，利率和股票价格的负相关关系并不是绝对的，要结合其他因素进行分析。

- 中央银行的公开市场业务对股票价格的影响。中央银行实施宽松的货币政策，就会从市场上大量购进有价证券，促使市场上货币供给量增加，进而推动股票价格上涨。反之，股票价格将下跌。

- 调节货币供应量对股票价格的影响。中央银行可以通过调整法定存款准备金率和再贴现率来调节货币供应量，从而影响货币市场和资本市场的资金供给，进而影响股票价格水平。货币供给充足，流动性充裕是股票市场持续上升的重要力量。

四、财政政策和货币政策的配合使用

在现实的经济生活中，财政政策和货币政策经常一起配合使用。在经济萧条时，政府会同时采用扩张的财政政策和宽松的货币政策。而在经济过热时，政府会同时采取紧缩的财政政策和紧缩的货币政策。

第三节

经济周期

一、经济周期与经济指标

　　所谓经济周期，是指经济活动沿着经济发展的总体趋势所经历的有规律的扩张和收缩。经济周期大体可以分为四个阶段：繁荣、衰退、萧条和复苏。经济周期有循环的特征，从某种程度上讲，经济周期是可以预测的。为了预测经济周期，我们需要运用各种指标来进行分析。这些指标按照与经济周期变动的先后关系，可以分为三类：先行指标、同步指标和滞后指标。

1. 先行指标

先行指标是指那些先于经济活动变化的经济指标。先行指标包括货币供应量、股票价格指数、机器和设备订单数量和消费者预期指数等。先行指标对经济周期的波动较为敏感。多种先行指标上升，预示着经济扩张的来临，先行指标开始下降，预示着经济衰退的到来。

2. 同步指标

同步指标是指那些与经济活动同步变化的指标。这些指标的变化与经济周期的变化几乎一致。同步指标包括GDP、工业生产指数、制造业和贸易销售额等。

3. 滞后指标

滞后指标是指那些滞后于经济活动变化的经济指标。这些指标的峰顶和谷底总是在经济周期的峰顶和谷底之后出现。这些指标包括生产成本、物价指数、制造业和贸易库存与销售量的比率等。

在运用先行指标、同步指标和滞后指标进行经济预测时，我们还要综合考虑其他信息工具。

二、经济周期与股票投资

- 经济总是处于周期性波动中，股票价格随着经济波动相应地波动，但是股票价格的波动总是先于经济活动。
- 要把握好经济周期变动的趋势，提前进行股票布局。
- 要结合经济周期的不同阶段，确定相应的行业投资策略，这是规避投资风险、获得投资收益的非常有效的途径。

我们通常将行业分为三类。

1. 增长性行业

增长性行业的波动与经济活动的周期及其波动幅度无关。这些行业主要依靠技术进步、新产品推出和更优良的服务来推动行业的持续增长。

2. 周期性行业

周期性行业的波动与经济周期的变化密切相关。当经济处于上升期时，这些行业会随之扩张。当经济处于衰退期时，这些行业会相应收缩。在上市公司中，80%以上的公司都属于周期性行业，比如钢铁、银行、房地产等。

3. 防守性行业

防守性行业的产品需求相对稳定，几乎不受经济周期的影响，比如食品行业、公用事业。

当对经济发展前景持乐观态度时，投资人可以选择周期性行业的公司进行投资。当对经济前景持悲观态度时，投资人可以选择防守性行业的公司进行投资。

我们在这一章中对宏观经济知识做了简单的介绍，这些知识是你在个人经济生活中必须了解的，因为宏观经济和所有人有关，当然也包括你。

第 二 章

金融学的
基本常识

你的经济生活一定离不开金融市场、金融机构和金融工具，了解一些这方面的知识对你的经济生活会很有帮助。读完这一章，你会发现，金融一点儿都不难。

第一节

金融的概念和作用

简单地说，金融就是资金的融通。金融作为资金融通活动的一个系统，是以各个微观主体（政府、企业和个人）的投融资行为为基础，由工具、机构、市场和制度等要素构成的有机系统，是经济系统最重要的组成部分。金融在经济中的作用有以下几个方面。

一、筹集和融通资金

现代经济的发展一定要从资金的积累开始。金融是融资和投资活动的枢纽，加速金融业的发展能够直接起到促进经济增长的作用。一般来说，在一定的经济技术水平条件下，金融机构与金融产品越丰富，人们的选择机会越多，人们从事金融活动的欲望越强烈，社会资金的积累速度越快，金融对经济的渗透力越强，经济发展的速度也就越快。

二、优化资源配置

在金融市场的运行过程中，投资人通过各种金融工具的收益率差别来了解资金使用者的经济效益，从而选择和改变投资方向，把资金投到经济效益更高的地方去。投资人购买收益率高、成长性好的金融工具，抛售收益率低、成长性差的金融工具，这种趋利行为使经济效益好、具有良好发展前景的企业得到充足的资金。而那些经济效益差、没有发展前景的企业将得不到资金的支持，这推动了生产要素的重新配置，使社会资源得到有效的利用，提高了国民经济的总体效益。

三、调控宏观经济

在现代市场经济中，金融已经成为调节经济的重要手段。由于金融已经渗透到社会生产的全过程，因此它可以及时、全面地反映社会经济活动的状况，为各种经济决策提供依据。另一方面，政府通过金融政策的紧缩或放宽，不仅可以调节社会资金的供求总量，从而调节社会总供给和总需求的关系，而且可以通过调节经济结构，促进经济协调、稳定发展。

四、金融是经济的核心

我们如果把经济比作人体，资金就是经济的血液，而金融就是经济的血液循环系统。金融系统一旦出现问题，就会影响整体经济的发展，因此，金融在经济体系中处于核心地位。

下面，我们就谈谈金融学中的主要内容，这些内容是你必须知道的。

第二节

货　币

所谓货币，通常被认为是在商品（劳务）交易中或在债务清偿中被社会普遍接受的、充当一般等价物的东西，是价值尺度和流通手段的统一。换句话说，凡是具有普遍接受性，可作为支付工具的东西就是货币。

一、货币的功能

货币具有以下四种功能。

1. 交易媒介

货币作为交易媒介的功能，将以物易物的行为转换成两步骤：第一步是将物品换成货币，第二步是将货币换成物品。以货币为交易媒介的交易大大降低了交易成本，促进了经济的发展。

2. 价值尺度

货币是衡量所有可交换物品价值的尺度。

3. 支付手段

货币除了可以用来进行即时的支付，充当交易媒介，也可以用于延期支付或将来支付的手段，比如清偿债务、支付工资等等。

4. 储藏手段

当货币作为独立的价值形态和社会财富的绝对化身而被保存起来时，货币就发挥了储藏手段的职能。

二、货币的分类

1. 信用货币

信用货币是由国家和银行提供信用保证的流通手段。其本身的价值远远低于其货币价值，而且不再代表任何贵金属。当今世界各国几乎都采用这一货币形态。信用货币通常由一国政府或金融管理当局发行，其发行量要求控制在经济发展的需求之内。信用货币主要包括以下几种形态。

- 辅币。多用贱金属制造，担任小额或零星交易的媒介。
- 现钞。多由一国中央银行印制发行。

2. 使用支票的银行存款

存款人在银行的活期存款，如果可以使用支票来执行支付功能，银行存款的信用就被货币化了，这种货币被称为银行货币。银行货币是流通中最主要的支付手段。

3. 准货币

准货币包括定期存款、政府债券、具有现金价值的人寿保险单、银行卡、股票、基金、黄金、外汇等等。

三、货币的层次

我国的货币分为四个层次。

1 M0= 流通中的现金

2 M1=M0+ 企事业单位、部队的活期存款 + 农村活期存款 + 其他活期存款

3 M2=M1+ 城乡储蓄存款 + 企事业单位、部队的定期存款

4 M3=M2+ 财政金库存款 + 银行汇兑在途资金 + 其他非银行金融机构存款

M1 通常被称为狭义货币。狭义货币量反映了整个社会对商品和劳务的最直接的购买力，它的增减变化对商品和劳

务的供应会形成直接的影响，因此，狭义货币量是中央银行在制定和实施货币政策时监测和调控的主要指标。

　　M2通常被称为广义货币。广义货币量所统计的货币范围大于狭义货币量，它不仅包括社会直接购买力，还包括社会的潜在购买力。广义货币量可以更加全面地反映全社会的货币流通状况。

　　对于个人理财来讲，了解货币供应量的变化，在投资人选择投资机会时是个重要的参考，它可以告诉你市场的流动性是不是充裕。

四、货币的价值

　　货币的价值分为对内价值和对外价值，一般认为的货币价值都是指货币的对内价值。货币的对内价值是指货币的交换价值，即货币的购买力。货币的对外价值是指一国的汇率水平。通常货币的对内价值是对外价值的基础，但是货币对外价值的变动具有自身的一些特点。下面我们会对货币的对外价值——汇率进行介绍。

1. 信用

　　商品交易分为有媒介物与无媒介物，有媒介物的商品交易通常以货币为媒介，无媒介物的商品交易通常以信用为媒介。在以信用为媒介的商品交易中，信用与债务是同时发生的。当事人一方（债权人）将商品或货币借出，被称为授信，另一方（债务人）接受债权人的商品或货币，被称为受信。债务人承担这种在将来偿还商品或货币的义务就被称为债务。

2. 信用和信用的特征

　　信用是一种以偿还和付息为条件的价值单方面的让渡。信用具有以下特征。

- 信用的标的是一种所有权和使用权相分离的资金。信用的所有权掌握在信用的提供者手中，信用的接受者只有使用权。只有在信用关系结束的时候，其使用权和所有权才统一到原信用提供者手中。
- 信用以还本付息为条件。信用关系一旦确立，债务人就承担还本付息的义务，债权人就拥有到期收回本息的权利。

- 信用以相互信任为基础。借贷双方的相互信任构成信用关系的基础，没有了信任也就没有了信用。
- 信用双方以收益最大化为目标。债权人将闲置资金借出，是为了获得最大化的收益。债务人借入资金，同样是为了追求最大化的收益，避免资金不足带来的经营中断。

3. 信用的主要形式

现代信用的形式有很多，按照信用主体的不同，可以分为商业信用、银行信用、国家信用、消费信用和国际信用。

- 商业信用。商业信用是指工商企业之间相互提供的、与商品交易直接相关联的信用形式。它主要包括企业之间相互提供的赊销、分期付款、预付定金等形式的信用。
- 银行信用。银行信用是指银行以存、贷款等多种形式提供的货币形态的信用。银行信用是在商业信用的基础上发展起来的更高层次的信用，它和商业信用一起构成经济社会信用体系的主体。
- 国家信用。国家信用是以国家为债务人，从社会上筹措

资金来解决财政需要的一种信用形式。国家信用可以调
节财政收支的短期不平衡，可以弥补财政赤字，还可以
调节经济与货币供给。

- 消费信用。消费信用是指企业、银行和其他金融机构向
  消费者个人提供的，用于生活消费目的的信用。消费信
  用的主要形式有分期付款、消费贷款和信用卡。

- 国际信用。国际信用是国际间的借贷行为，它包括：以
  赊销商品形式提供的商业信用，比如来料加工和补偿贸
  易；以银行借贷形式提供的银行信用，比如出口信贷和
  进口信贷；政府间相互提供的信用。

了解各种信用对个人理财有很大的帮助，你会知道，最
可信任的信用是国家信用和银行信用。对商业信用要慎重考
虑，以免上当受骗。

第三节

利　率

一、利息和利率

利息是指在信用关系中债务人支付给债权人的报酬。利息随着信用行为的产生而产生，只要有信用关系存在，利息就必然存在。

利率就是一段时间内获得的利息与本金的比率，利率=利息/本金。利率实际上就是货币资金的价格。

二、利率的分类

1. 按照计算利息的时间单位不同，利率分为年利率、月利率和日利率

我们在日常生活中使用的都是年利率，月利率和日利率也会被转化成年利率，通常称年化利率或年化收益率。

2. 按照利率是否随市场规律自由变动，利率分为市场利率和官方利率

市场利率是指由资金供求关系和风险收益等因素决定的利率，比如商业银行的存贷款利率。官方利率是指由中央银行确定和发布的，各级金融机构都必须认真执行的各种利率，比如中央银行发布的再贴现率就是官方利率，中央银行公布的贷款基准利率（LPR）也是官方利率。

3. 按利率在借贷期限内是否调整，利率分为固定利率和浮动利率

固定利率在整个借贷期限内固定不变。浮动利率是指利率在借贷期间内随着市场利率的波动而定期调整变化的利率，比如，你在贷款买房时遇到的LPR加减点，就是浮动利率。

4. 按利率是否考虑了通货膨胀的因素，利率分为名义利率和实际利率

名义利率是以名义货币表示的利率，而实际利率是在名义利率中剔除了通货膨胀以后的真实利率。我们日常所说的利率都是指名义利率。

5. 单利和复利

单利是在存贷期的各期均只以其本金乘以利率计算的利息。用单利法计算利息，只计算利息而不计算利息的利息。

复利是以前一期的利息和本金之和乘以利率计算的利息。用复利法计算利息，不仅本金需要计算利息，而且前期

获得的利息也要计算利息。复利就是我们常说的利滚利。我国目前商业银行公布和执行的利率都是单利，但是信用卡使用的是复利。这一点你必须加以重视。

三、我国当前的利率体系

1. 中央银行基准利率

中央银行的基准利率主要包括存款准备金率、中央银行再贷款利率、再贴现率和LPR。

2. 银行间利率

银行间同业拆借利率一般由市场决定，随时受到供求关系的影响而发生变化。

3. 商业银行的存贷款利率

我国商业银行的存贷款利率根据中央银行制定的LPR，按照市场供求关系上下浮动。

4. 市场利率

我国的民间借贷利率被称为市场利率。民间借贷利率不得超过LPR的 4 倍，超过的部分不受法律保护。

四、影响利率变动的因素

1. 社会平均利润率

决定利率高低的利润率不是单个企业的利润率，而是一定时期内一国企业的平均利润率。

2. 借贷资金的供求关系

当借贷资金供大于求时，利率会下降，反之会上升。

3. 中央银行的货币政策

中央银行采用扩张政策，会降低基准利率。中央银行采用紧缩政策，会提高基准利率。

4. 通货膨胀预期

当预期通货膨胀率提高时，商业银行会要求提高贷款利率。当预期通货膨胀率下降时，商业银行会降低贷款利率。

5. 国际利率水平及本币汇率

国内利率水平高于国际利率水平，会使国外资本流入，使市场上资金供给增加而利率下降。国内利率水平低于国际利率水平，会使国内资本流出，使市场上资金供给减少而利率上升。当本币汇率上升时，对本币的需求会增加，本币的利率水平就会上升。

6. 其他因素

借贷期限、借款人的信用等级等等。

五、利率的作用

利率在国民经济中的作用表现在以下几个方面。

1. 利率对居民储蓄、消费和投资的影响

利率提高，会使居民增加储蓄，减少消费和投资。利率降低，会使居民减少储蓄，增加消费和投资。

2. 利率对企业投资的影响

一般而言，利率降低，会降低企业的融资成本，使企业增加投资。

3. 利率与物价水平

当经济繁荣时，提高利率水平，可以抑制社会的总需求，防止通货膨胀。当经济萧条时，降低利率水平，可以刺激投资和消费，防止通货紧缩和经济衰退。

利率与我们的生活息息相关，它是你做投资时的重要参考。

第四节

汇　率

一、外汇和汇率

外汇是以外国货币表示的用来清偿国际债权债务关系的支付手段和工具。外汇的价格称为汇率，汇率是将一国的货币折算成另一国的货币时使用的比率，即以一种货币表示另一种货币的价格，比如，美元/人民币=1/6.8888。[1]

---

1 汇率是实时变动的，此处为作者举例说明，并非当前人民币对美元汇率。——编者注

二、影响汇率的因素

1.一个国家的经济增长速度

经济增长速度是影响汇率波动的最基本的因素。从长期来看，经济持续增长会推动本国货币的升值。

2. 国际收支的平衡状况

这是影响汇率的最直接的因素。国际收支就是商品、劳务的进出口以及资本的输入和输出。在国际收支中，如果出口大于进口，资金流入，意味着国际市场对该国货币的需求增加，该国货币就会升值。反之，如果进口大于出口，资金流出，国际市场对该国货币的需求减少，该国货币就会贬值。

3. 物价水平和通货膨胀水平

如果一个国家的物价水平高，通货膨胀率高，说明本币的购买力下降，这会促使本币贬值；反之，本币就会升值。

4. 利率水平

利率对汇率的影响是通过对套利资本流动的影响来实现的。利率高会吸引国外资金的流入，增加对本币的需求，促使本币升值。

5. 投资人的心理预期

投资人的心理预期对短期汇率波动会起到很重要的作用。

6. 其他因素

比如，国际投机资本的冲击、经济数据的公布、突发事件等等。

三、汇率变动对经济的影响

各国对汇率的变动都十分重视，把汇率作为调节经济的重要杠杆。汇率对经济的影响主要表现在以下几个方面。

1. 对国内经济的影响

- 对进出口的影响。本币贬值，进口商品的价格就会上涨，会抑制进口；本币贬值，本国出口产品就会更具竞争力，会促进出口。

- 对就业水平的影响。本币贬值会抑制进口、促进出口，使得国内企业产销两旺，会提高本国的就业水平；反之，则会使国内企业生产销售萎缩，失业人口增加。

- 对国民收入的影响。本币贬值会促进国内生产规模的扩大，有利于国民经济的扩张和国民收入的增长；但本币过度贬值，容易引发输入型通货膨胀。

2. 对国际收支的影响

- 对贸易收支的影响。一般来说，本币贬值会刺激出口，抑制进口，造成贸易顺差。

- 对资本流动的影响。汇率变动对资本流动的影响是很直接的。本币价值将升未升的状态会引发外国资本的流入，本币升值，会造成本国资本的大量流出和外国资本流入的减少。

• 对外汇储备的影响。在我国的外汇储备中，美元占很大的
　比重，美元汇率的变动对我国的外汇储备有很大的影响。

3. 对国际关系的影响

如果一个国家为了促进出口，改善国际收支状况，让本
币贬值，这样就会使该国贸易伙伴国的货币相对升值、产
品的竞争力下降，损害这些国家的经济利益，引发它们的
报复。

四、我国的汇率制度

1. 现行的汇率制度

我国目前实行的是以市场供求为基础的、有管理的浮动
汇率制度。自 2005 年 7 月 21 日起，我国开始实行以市场供
求为基础、参考一篮子货币进行调节管理的浮动汇率制度。
人民币汇率不再单一盯住美元，形成了更富有弹性的人民币
汇率制度。

2. 我国的外汇市场

我国的外汇市场分为三个层次。

- 零售市场。零售市场是指客户与商业银行之间的市场。企业和个人按照国家的有关规定，可以到商业银行进行外汇买卖。

- 银行间外汇市场。银行间的外汇交易在中国外汇交易中心进行。

- 中央银行与商业银行间的市场。中央银行通过公开市场操作，对外汇市场进行干预，调节外汇供求，保持汇率相对稳定。中央银行的公开市场操作在中国外汇交易中心进行。

汇率离你的生活并不遥远，无论出国留学、旅游，还是做外汇投资，你都应该了解汇率。

第五节

金融市场

一、金融市场的含义

金融市场是指货币资金和金融资产交易的场所。金融市场有广义和狭义之分。广义的金融市场包括货币市场、资本市场、外汇市场、黄金市场和金融衍生品市场。狭义的金融市场仅包括货币市场和资本市场。

二、金融市场的功能

- 投资和融资。为投资人找到合适的投资工具，为融资人提供多种融资可能。

· 促进资本的集中，解决社会化大生产对资金集中使用的
需求。

· 合理引导资金流向，优化资源配置。

· 方便资金的灵活转换。为不同期限、金额的资金在不同
的主体之间转移提供了场所。

三、金融市场的分类

· 按照金融资产的要求权划分，可以分为债券市场和股票
市场。

· 按照金融资产的期限划分，可以分为货币市场和资本
市场。

· 按照金融资产是否是首次发行划分，可以分为一级市场
和二级市场。

第六节

金融资产

金融资产作为财富储藏手段和金融交易工具，是为了满足金融和经济发展的需要而产生和发展的。传统的金融资产主要包括货币资产、信用资产和权益资产。现代的金融资产还包括衍生金融资产。

- 货币资产：现金、银行存款、电子货币（电子货币包括信用卡、储蓄卡、储值卡、电子钱包等）、黄金（黄金属于准货币）。

- 信用资产：汇票、支票、本票、商业票据、贷款、债券（债券包括国债、金融债券和公司债券）。

- 权益资产：普通股、优先股。

- 衍生金融资产：金融期货（股指期货、利率期货、外汇期货和黄金期货）、金融期权（股票期权、利率期权和外汇期权）、金融互换（股权互换、利率互换和货币互换）。

　　了解金融资产对我们日常的理财很有帮助，我们常用的理财工具，如股票、债券等，大多属于金融资产。

第七节

金融机构

在日常生活中，你会和各种金融机构打交道，下面我们简单介绍一下各类金融机构。

一、中央银行

中央银行虽然也被称为"银行"，但是它并非商业银行那种意义的"银行"。中央银行通常是政府机构，其主要职责是代表国家发行货币、制定和实施货币金融政策、处理国际性金融事务。此外，中央银行在金融监管方面也发挥着重要作用。正因为如此，中央银行在各国的金融体系中占据核心地位。

中央银行制度在世界各国因国情不同而存在较大差异，但大致可以分为以下四种类型。

1. 一元制中央银行制度

它是指一个国家由独家中央银行及其众多的分支机构来执行中央银行的职能。世界上绝大多数国家都采用这种制度，比如中国、日本、英国。

2. 二元制中央银行制度

它是指一个国家的中央银行由中央和地方两级组成。中央级机构是最高权力机构，而地方级机构在所管辖的区域内有很大的自主权。实行联邦制的国家大多采用这种制度，比如美国。全美共设有 12 家联邦储备银行。

3. 跨国中央银行制度

跨国中央银行制度是指两个或两个以上的国家共同设立一个中央银行，比如欧洲中央银行。

4. 准中央银行

准中央银行制度是指某些国家和地区没有设立独立的中央银行，只是设立类似的中央银行机构，或由政府授权某几个商业银行形成部分中央银行的职能。比如中国香港特别行政区。金融监管局是香港的金融监管机构，但不拥有发钞权，发钞权在汇丰银行、渣打银行和中国银行手中。

下面我们来看看中央银行具体有哪些职能。

1. 中央银行是发行的银行

所谓发行的银行具有两方面的含义：首先，它是全国唯一的发钞机构；其次，它是货币政策的最高决策机构，在决定一个国家的货币供应量方面起着决定性作用。

2. 中央银行是银行的银行

中央银行也办理存贷款业务，它的业务对象是商业银行和其他金融机构。具体来说，它的业务内容包括以下三个方面。

- 集中存款准备金。商业银行的存款准备金集中在中央银行存储。

- 组织全国范围内的清算。中央银行通过商业银行的存款准备金账户来完成商业银行间的资金清算。

- 最后贷款人。当某家金融机构存在资金困难，而其他金融机构又不愿意提供贷款时，中央银行就会扮演最后贷款人的角色。此外，中央银行还可以通过贴现的方式为商业银行提供贷款。

二、政府的银行

1. 代理国库

政府的收入和支出都通过财政部在中央银行开设的各种账户进行。

2. 充当政府的代理人，代理政府办理各种金融业务

例如，代理政府保管黄金和外汇，代理政府的黄金和外汇买卖业务，代表政府参加国际金融组织等。

3. 为政府提供资金融通

中央银行可以直接向财政部提供贷款，或者在证券市场上买卖国债。

4. 制定相关金融政策和法规

三、商业银行

1. 商业银行的性质

商业银行是经营金融资产和负债业务，以追求利润最大化为目标的特殊的金融企业。商业银行与一般的工商企业不同，它是一种特殊的企业，其特殊性表现在以下几个方面。

- 商业银行经营的对象是作为一般等价物的货币和货币资本。
- 商业银行的经营方式与一般工商企业不同，一般工商企业以买卖为主要经营方式，而商业银行以资金信贷为主要经营方式。

- 商业银行对整个经济的影响要远远大于任何工商企业。
- 商业银行的经营除了要对股东和客户负责，还要对整个社会负责。

2. 商业银行的职能

随着社会经济的发展，人们金融意识的提高，商业银行需要提供的金融服务越来越多，商业银行提供的服务内容也日益广泛。总的来说，商业银行的职能主要包括以下几个方面。

- 支付中介。经济社会以商业银行为中心，形成了支付链条和债权债务关系。
- 信用中介。商业银行通过负债业务把社会的闲散资金集中起来，再通过资产业务把资金投放到社会的各个经济部门中，商业银行通过上述方式实现了社会资金的融通。
- 信用创造。商业银行通过吸收存款来发放贷款，而贷款转化成派生存款，这增加了商业银行的资金来源，所以商业银行有信用创造的功能。
- 金融服务职能。商业银行为客户提供财务咨询、财富管理、投资服务和个人理财服务等服务，金融服务已经成为商业银行的重要职能。

3. 我国主要的商业银行

- 大型国有商业银行：中国工商银行、中国建设银行、中国银行、中国农业银行、交通银行、中国邮政储蓄银行等等。

- 股份制商业银行：招商银行、民生银行、光大银行、中信银行、华夏银行、兴业银行、上海浦东发展银行、平安银行、浙商银行、广发银行、恒丰银行、渤海银行等等。

- 城市商业银行：北京银行、上海银行、江苏银行、南京银行、宁波银行、杭州银行、徽商银行等等。

4. 商业银行的盈利模式

- 吸收存款，发放贷款，赚取存贷利差。
- 按照监管政策进行投资，赚取利润。
- 通过财富管理子公司开展资产管理业务，赚取管理费和业绩报酬。

- 为客户提供财务顾问服务，赚取财务顾问费。
- 代理保险和基金销售，赚取手续费。
- 客户通过银行进行收付款，银行赚取手续费。

四、政策性银行

政策性银行是指由政府创立，以贯彻政府的经济政策为目标，在特定领域开展金融业务的不以营利为目的的专业性金融机构。政策性银行不以营利为目的，专门为贯彻、配合政府的社会经济政策或意图，在特定的业务领域内，直接或间接地从事政策性融资活动，充当政府发展经济、促进社会进步、进行宏观经济管理的工具。

我国的政策性银行有国家开发银行、中国进出口银行和中国农业发展银行。

五、非银行金融机构

在各国的金融体系中，除了银行，还有其他非银行金融机构。我们日常接触的非银行金融机构主要有保险公司、证券公司、信托公司、基金管理公司、汽车金融公司、消费金融公司等等。

1. 保险公司

保险公司主要通过销售保险单，吸纳投保人的保险费来筹集资金，再将筹集到的资金进行投资和保险赔付，因此具有一定的信用中介功能。保险公司主要分为人寿保险公司、财产保险公司、健康保险公司、养老保险公司、农业保险公司等等。我国主要的保险公司有：

1 中国人寿保险集团公司。

2 中国人民保险集团股份有限公司。

3 中国平安保险集团股份有限公司。

4 中国太平洋保险集团股份有限公司。

5 泰康保险集团股份有限公司。

6 新华人寿保险股份有限公司。

7 中国太平保险集团公司。

8 阳光保险集团股份有限公司。

保险公司的盈利模式有以下两种。

- 吸收保费，建立保险基金，如果赔付少于保费，就承保盈利。如果赔付多于保费，就承保亏损。
- 因为保险赔付和赚取保费存在时间差，保险公司利用这个时间差，运用保费进行投资，赚取利润。

2. 证券公司

证券公司又叫投资银行。中国大型的证券公司主要包括中信证券、中国国际金融公司、国泰君安证券、海通证券、华泰证券、中信建投证券、广发证券、招商证券、申万宏源证券、国信证券、银河证券、光大证券等等。

证券公司的主要业务及盈利模式如下：

- 投资银行业务：包括代理证券发行和财务顾问业务，赚取承销费和财务顾问费。

- 经纪业务：代理证券买卖，赚取手续费。

- 自营业务：自营证券买卖，获取投资收益。

- 融资融券业务：赚取利息。

- 资产管理业务：赚取管理费和业绩报酬。

- 研究业务：出售研究报告，赚取大机构的分仓佣金。

3. 信托公司

信托公司的盈利模式如下：

- 管理客户委托的资产，如不动产、股权、现金、人寿保
  险单，赚取管理费。

- 发行集合资金信托计划，投资实业项目或证券市场，赚
  取管理费和业绩报酬（市场上的"阳光私募"基金都是
  通过信托投资公司发起设立的）。

- 使用自有资金进行投资。

4. 基金管理公司

基金管理公司的主要业务是设立基金和管理基金。我们

在市场上购买的货币市场基金、债券基金和股票基金都是由基金管理公司设立和管理的。

基金管理公司的盈利模式如下：

- 赚取基金管理费。
- 赚取申购赎回费。

5. 汽车金融公司

汽车金融公司的主要业务是为消费者购买汽车提供贷款服务。

6. 消费金融公司

消费金融公司主要的业务是为消费者提供小额消费贷款服务。

我们最后总结一下金融机构业务模式的共同点，核心内容有以下三点：第一，以尽可能低的成本融到资；第二，把手中的钱投出去，在合理控制风险的前提下，追求收益最大化；第三，把投出去的钱连本带利收回来。

第八节

金融监管

一、金融监管的作用

金融业稳定与否将对国民经济的发展产生深刻影响，因此，各个国家都设立金融监管机构，金融监管机构通过制定市场准入、风险控制和市场退出等标准，对金融机构的经营进行干预，确保金融机构的安全稳健运行。金融监管的作用主要体现在以下几个方面。

1. 维护信用和支付体系的稳定

金融机构作为信用中介和支付中介，能否安全稳健地运行，关系到整个经济的稳定。

2. 保护存款人和投资人的利益

在金融市场中，存款人和银行之间、证券投资人和经营机构之间存在信息不对称的情况，为了维护市场的公平和公正，需要一个处于中间位置的监管者。

3. 保证金融机构合法经营

金融监管机构通过依法监督，保证金融机构合法经营，降低金融风险。

4. 促进金融机构之间的公平竞争

金融机构的无序竞争会带来金融秩序的混乱、金融市场的动荡，给经济发展带来不利影响。

二、分业经营与混业经营

1. 分业经营

所谓分业经营，是指商业银行只能从事银行业务，不能从事证券买卖、承销等投资银行业务，也不能从事保险公司经营范围内的各项业务活动；保险公司不能从事信贷业务；投资银行不能从事商业银行业务。同时，商业银行、投资银行和保险公司也不能通过设立子公司的方式从事其他领域的金融业务。

2. 混业经营

混业经营是当今国际金融机构采用的最为普遍的经营模式，它是指商业银行的业务范围不受限制，业务多样化，经营多元化，可为客户提供全方位、综合性金融服务的经营模式。商业银行、保险公司和投资银行可以通过设立子公司的方式从事其他领域的金融业务。

我国的金融业实行的是混业经营模式，是通过允许金融

机构设立子公司的方式来实现混业经营的。比如，中国平安
保险集团、中国中信集团、中国光大集团等等。

三、金融监管

我国的金融监管实行的是分业监管的模式。

- 中国银行保险监督管理委员会负责对商业银行、保险公
  司、信用社、信托公司、金融租赁公司、资产管理公
  司、财务公司、汽车金融公司和消费金融公司的监管。
- 中国证监会负责对证券公司、基金管理公司、期货公司
  进行监管。

看到这里，你对金融学的内容已经有了一个基本的了
解，这些知识对你的经济生活来说足够用了。

第三章

家庭中的
经 济 学

家庭经济学通常被称为家庭理财，家庭经济学主要包括婚姻经济学、消费经济学和资产配置经济学。家庭经济学是本书的核心内容。

第一节

婚姻中的经济学

随着现代人生活观念的更新，选择单身的人逐渐多起来。但是，婚姻仍然是社会上的主流生活方式。婚姻生活远比单身生活复杂，它不仅是夫妻二人的事情，还涉及父母、子女等家庭关系，甚至涉及亲戚、朋友等社会关系。影响婚姻生活质量的因素很多，其中一个非常重要的因素是财务问题，金钱常常成为"婚姻战争"的诱因。有关调查显示，80%以上的婚姻问题是由金钱引起的。因此，处理好婚姻生活中的财务问题，对提高婚姻生活的质量有极大的帮助，下面，我们就来讲讲婚姻中的经济学。

一、婚姻是你一生中最重要的投资

中国有句老话，叫"男怕入错行，女怕嫁错郎"。这句话的前提是女人不工作，没有经济来源，家里的全部收入来自男人，因此男人就是女人的全部依靠。时过境迁，这句话在现代社会里已经有些不合时代潮流了。现代社会男女平等，女人和男人一样外出工作挣钱，甚至比男人挣得多，因此，"男怕入错行"应该改为"男女都怕入错行"，而"女怕嫁错郎"应该改为"女怕嫁错郎，男怕娶错娘（姑娘）"。这句话说出了现实生活中的一个重要问题：婚姻无论对男人还是女人来说都非常重要，"同谁结婚"影响着夫妻双方，还有孩子、父母的幸福。婚姻可能是你一生中最大的一笔"投资"，它有可能带来巨大的收益（美满的婚姻），也可能带来巨大的亏损（不幸的婚姻）。

研究表明，同谁结婚会严重影响你未来的经济状况。如果你嫁了一个积极向上、努力拼搏、有事业心的男人，你未来的经济状况大概率是健康、良好的。如果你嫁了一个不思进取的男人，你未来的经济状况一定堪忧。如果你娶了一个乐观、大度的女人，即使你在事业上遭受了挫折，你也有信心和动力东山再起。如果你娶了一个刻薄、势力、没有心胸的女人，你就很难有成功的事业，因为一个男人的道德水准会受到妻子的深刻影响，而一个道德水准低下的男人是很难在这个社会立足的。

同谁结婚会影响孩子的成长。一个家庭，如果父亲有事业心、有责任心，母亲乐观大度，孩子的成长环境就会很健康，孩子会有很强的安全感和幸福感，会用很健康的心态看待世界，这对孩子一生的成长大有裨益。相反，如果父亲游手好闲，整天喝酒打牌，母亲整天怨天尤人，两人经常吵架，孩子就会生活在惊恐之中，久而久之，孩子的心灵就可能扭曲，这会影响孩子一生的健康成长。

同谁结婚会影响父母的生活。一个好伴侣，会孝敬你的父母，而一个刻薄的伴侣，会给你父母的生活添堵。如果你的婚姻美满，会让你的父母少操心，这有助于他们健康长寿。而父母生活幸福，也会增加你自己的幸福感。

同谁结婚关系到你自己的幸福、孩子的幸福和你父母的幸福，所以，一定要慎重选择你的另一半。记住，婚姻不是你最大的财，就是你最大的债。

二、如何选择你的配偶

选择配偶需要从以下三方面考虑。

1. 爱情

绝大多数的婚姻源于爱情，爱情是婚姻不可或缺的重要因素和组成部分。人们常说"没有爱情的婚姻是不道德的"，这句话一点儿没错。但是仅有爱情的婚姻是不稳定的，看看我们周围那些一见钟情、闪电结婚的男女，他们离婚的速度几乎同结婚的速度一样快。这是因为爱情和婚姻不是孪生姐妹，它们根本就不是同一对儿爹妈生的。爱情和婚姻有以下几个本质上的区别。

1 爱情需要激情，婚姻需要理性。

2 爱情可以当饭吃，婚姻需要有饭吃。

3 爱情不分阶层，婚姻要分阶层。

4 爱情是两个人的事，婚姻涉及两个家庭。

5 爱情是艺术，婚姻是技术。

由此可见，爱情是婚姻的起点，是维系婚姻的一个重要条件，但绝不是婚姻的全部内容。

2. 价值观

了解对方的价值观是否与自己完全相同或基本相同，这一点非常重要，它可以使你婚后免遭多年的痛苦。价值观的冲突是导致婚姻矛盾的主要原因。试想一下，如果夫妻一方的人生哲学是及时行乐，另一方是重视家庭，那么结果会怎样？这个问题的答案是不言而喻的。

很多人在恋爱时总想掩饰自己的缺点，总想把美好的一面展现给对方，担心真实的自己不能被对方接受。但是，你要明白，你不可能永远戴着面具生活，总有一天你会呈现出自己的真实面目。因此，最好一开始就以真实面目出现，向对方坦率地说出自己的情况和想法，同时表示希望对方也能如此。这样恋爱可能会少了一些浪漫，却多了很多真实，而这些真实会节约很多成本，包括时间和金钱。这会让你们婚后彼此减少很多指责，如"你结婚前一直骗我"等等。

一定要记住，价值观是婚姻最重要的基础，它将决定婚姻生活的质量。

3. 家庭背景

"婚姻讲究门当户对"，这句话是很有道理的。家庭出身相当的人，生活理念和生活习惯大致相同，对待金钱的态度也会相似，因此生活上比较容易相互磨合。如果一个从小就在富裕家庭长大的男人娶了一个父母长期为了生活苦苦挣扎的女人，那么他们的生活习惯和对待金钱的态度会有非常大的不同。如果两个人都按照自己的价值取向和生活需求消费，当一个人的需求和另外一个人不同时，就一定会发生争吵，甚至可能演变成持续的家庭战争。

要记住，你可能赢得对方的爱情，但你不可能改变他（或她）从小养成的生活习惯，那是二三十年生活的烙印，不可能轻易被抹去，而门当户对可以减少这种烦恼。

你要娶一个姑娘，最好先去看看她的妈妈，如果你不喜欢她的妈妈，估计你也很难适应她的女儿。当然，也有孩子跟父母完全不一样的，但是这种情况极少。

婚姻是一生中最大的投资，所以一定要慎重选择合作伙伴，这在很大程度上决定了投资的成败。

三、婚前财产公证

我个人不主张做婚前财产公证，夫妻双方的婚前财产本来就是各自的个人财产，没有必要公证。婚前财产公证会严重伤害双方的感情，我听到很多女人说，不能接受婚前财产公证，因为这表明"你不爱我"，这婚不如不结。除非夫妻一方是富豪，我不建议普通的夫妻做婚前财产公证。

四、AA 制是婚姻的陷阱

有关统计表明，AA制婚姻的离婚率大大高于传统婚姻。原因很简单，婚姻是两个人的结合，其中非常重要的一点，就是双方财产的结合，而AA制是财产上的"同居"关系，同财产的结合根本不是一码事。AA制婚姻追求的是平均和平等，但平均和平等的基础是实力和背景相当，包括双方收入相当、家庭条件相当、工作的稳定性相当、发展（升职和加薪）前景相当、分担的家务相当等等。一旦某种"相当"变为"不相当"，这种平衡就会被打破，随之而来的是婚姻关系也会被打破。很多AA制婚姻都由于夫妻中一方婚后收入减少、生育子女、赡养老人、失业等，最终导致婚姻走到破裂的边缘。此外，AA制婚姻对孩子的成长也会造成不良影响。因此，我认为AA制实际上是婚姻的陷阱。

五、钱是婚姻的润滑剂

钱是生活的必需品，也是解决很多生活问题的钥匙。在婚姻生活中，巧妙地使用钱，可以让婚姻更加和谐美满。我们来讲一个在婚姻生活中巧妙用钱的故事。

王先生是一家公司的总经理，平时工作很忙，没有时间管家务，家里的事情统统由妻子打理。2002 年，王先生的父亲去世了，王先生怕母亲独自生活孤单，就把母亲接到自己家同住。这样一来，如何处理好婆媳关系就成为王先生面临的一个重要问题。但是，王先生自有高招。他是这样做的：他经常给妻子一些钱，让妻子给他的母亲和姐姐买礼物；他还经常给自己的母亲和姐姐一些钱，让她们给妻子买礼物。王先生这样做的结果是，婆媳相处融洽，家庭生活和睦，王先生从来不受"夹板气"。王先生说："让她们互相送礼物的目的，一是要她们了解我的良苦用心，二是让她们彼此感受到对方的友善，三是要通过别人的赞美（比如你婆婆真是太好了！能有这样的儿媳妇真是福气啊！）不断强化彼此的美好印象。这样一来，即使生活中有一些小矛盾，也能很快得到化解。家里太平了，我工作就没有后顾之忧了。"在婚姻生活中巧妙用钱，不但能使婆媳关系融洽，也能使夫妻关系和谐。

六、女人要经济独立

女人即使嫁了一个有钱的老公，也要出去工作。第一，工作让你有事可做，使你生活充实，要是每天待在家里，任何人都难免觉得空虚。第二，工作让你接触社会，在思想上能与时俱进，回到家里同老公有话可谈。第三，这也是最重要的一点，工作让你有收入，自己挣钱自己花，你会觉得"硬气"。

完全靠老公养活的女人很难说是独立的女人。中国有句老话，"吃人的嘴短，拿人的手短"。这句话在家里同样适用。受惠于人的同时，必然受制于人。再说，靠别人是靠不住的。我常说："靠山山倒，靠人人跑，还是靠自己最好。"女人只有在经济上独立了，才能在生活中获得心理上的安宁，才能成为人格独立的女性。

七、关于谁来理财的问题

"家里应该由男人还是女人来理财？"经常有人问我这个问题。我的回答是："共同理财。钱是两个人挣的，也应该由两个人管。"家庭理财，首先，要由夫妻二人共同参与制订总体方案，方案内容应该包括哪些钱用于消费，哪些钱用于储蓄，哪些钱用于投资，哪些钱用于保险，等等。其次，要确定夫妻二人的理财分工，比如，由丈夫负责投资，妻子负责消费、保险和储蓄。最后，定期检查理财方案的实施情况，对方案进行修订。夫妻共同理财可以让双方都参与其中，发挥各自的优势，减少矛盾。当然，如果一方由于没有时间、没有精力、没有兴趣，那么完全交给另一方打理也可以，这种情况下，负责理财的一方最好定期向对方通报一下情况，这样会让家庭财务信息更透明。

八、财务信息公开的问题

我有一个朋友，他开了好几家公司。有一次，我跟他聊天。我问他："你知道自己有多少钱吗？"他说："大概知道。"我又问他："你老婆知道你有多少钱吗？"他说："不知道。"我说："万一，有一天你出了意外事故，你老婆怎么知道你留下了多少财产？"他恍然大悟，说："今天我就跟老婆说清楚。"

夫妻之间财务信息不透明的现象，在很多人的婚姻中都存在。这实际上是婚姻中的一个重大风险，一旦有一方发生意外，就有可能让这个家庭的财产旁落他人。更可怕的是，如果有一方瞒着另一方，私自对外举债，一旦发生意外，就会给对方的生活造成巨大的困难。

婚姻中的财务信息管理应该是公开的、透明的，这样才能有效地规避财务风险，让婚姻生活健康、幸福。

九、对外担保的问题

不要为你朋友的债务提供担保，一旦你的朋友不能按时还债，债主就会找到你的头上，你要承担连带责任，你就成了债务人。顺便再说一句，最好别借钱给你的朋友，除非是救急（疾病或意外伤害），否则，你会连钱和朋友一起失去。

十、"小金库"的问题

很多夫妻都有各自的"小金库"，建立小金库是为了实现各自的"财务自由"，这种现象很难杜绝。但是，建立"小金

库"的前提是不能影响家庭的"大金库"。"小金库"中的钱多
到一定程度，就应该向"大金库"回流，否则，一旦被对方发
现，就会引发"家庭战争"。因为"小金库"中钱的数量决定
"小金库"的性质，拥有过大的"小金库"属于家庭财务背叛
行为。关于"小金库"的大小如何衡量，我在这里提出一个
参考标准：家庭存款的5%。比如，你家的存款是10万元，
那么你的"小金库"不应该超过 5 000 元，超过的部分应该回
流到"大金库"中。我的这个标准是参照上市公司关于"大股
东"的标准制定的。

十一、关于如何对待双方父母的问题

很多夫妻往往由于给一方父母的钱多，给另一方父母的
钱少而产生矛盾。一般来说，女人比较细心，对自己父母的
关心、照应总会多一些。男人不那么细心，往往对父母关心
不够，在物质上多给父母一些补偿也在情理之中。再有，夫
妻双方的家庭背景不同，经济条件各异，难免会存在一方父
母"多吃多占"的情况。夫妻二人应该把这个问题放在桌面

上谈清楚，相互给予包容和理解。"多吃多占"的一方，应该对另一方心怀感激，找机会给予对方一些补偿，千万别认为"多吃多占"是应该的。

十二、关于如何对待双方其他亲属的问题

婚姻不仅涉及两个人的关系，还涉及两个家庭的关系。所谓两个家庭，不仅包括双方父母，而且包括双方的其他亲属。如果你家的"穷亲戚"很多，今天这个来借钱，明天那个来要赞助，一定会引起你配偶的不满，甚至会威胁到你们婚姻的安全。你跟你舅舅感情好，觉得你借给他的钱，他还不还无所谓，但这不代表你配偶也觉得无所谓，最后很可能因为过多照顾你舅舅伤害了你配偶。两个人结婚后，要尽量避免同双方亲属产生财务上的往来，即使有，也要本着"救急不救穷"的原则进行安排（双方父母除外），这样不仅会避免夫妻矛盾，而且会避免很多家庭矛盾。

第二节

子女的财商教育

　　财商教育一定要从娃娃抓起,父母对子女进行财商教育非常重要。在当下竞争如此激烈的社会,一个人要想获得成功,智商、情商和财商都要高。智商,是一个人学习知识的能力,情商是一个人处理社会关系的能力,财商是一个人管理金钱的能力。我们家长往往只注重培养孩子的智商,让孩子参加各种补习班,学习那些有用和没用的知识,却忽略了孩子的情商教育和财商教育,结果把孩子培养成了只会读书的"呆子"。看看我们周围的"月光族""啃老族",看看那些大学没有毕业就欠下一屁股债的"卡奴",我们就明白财商教育有多么重要了。

　　在当今社会,要生存,情商和财商往往比智商更重要,一个人成功与否，关键是看其是否有处理社会关系和管理金钱的能力。而在众多的社会关系中，"金钱关系"又占了绝大多数，因此情商包含了很大的财商成分，情商和财商是密不可分的。我说的财商教育包括情商教育。相反，平时大家都注重的智商教育，在现今社会中的重要性日益降低，那些所谓高智商的"不成功"人士比比皆是。有人做过统计，在大学同班的学生中，学习成绩排在前5名的学生，在步入社会后，事业往往不是很成功，而那些学习成绩中等（甚至中等偏下）的学生，在步入社会后，事业往往要比那些"高才生"成功得多。造成这种现象的原因可能是那些"高才生"的智商高而情商低吧。

绝大多数家长对孩子缺乏财商教育，觉得无从下手。在这里，我把自己的一点儿经验跟大家做一下分享。

一、言传身教

1. 去超市购物前列出购物清单

每次去超市前，我都和太太把要买的东西写下来，列出

清单。如果带儿子一起去超市，就让儿子拿着清单（从儿子
上小学开始）。进入超市后，我们就按照清单上所列的物品
逐项购买，然后问儿子有没有忘记该买的东西（儿子有很强
的参与感）。没有列入清单的物品尽量不去购买（不是绝对
的），我的目的是告诉儿子，消费要有计划。

2. 当着儿子的面给父母钱

逢年过节，我们除了给双方父母买东西，还给他们红
包。我们大都当着儿子的面给。有一次过春节，我给我妈妈
一个红包，过后我儿子对我说："爸爸，你怎么给奶奶这么
多钱？"我说："爸爸是奶奶生的，是爷爷奶奶抚养大的，爸
爸给爷爷奶奶多少钱都是应该的。"2008 年年底的一天，儿
子突然对我说："爸爸，我给你 50 元钱吧。"（从儿子 9 岁
起，我每月给他 300 元零花钱。）我说："为什么？"他说：
"快过新年了，我想给你和妈妈一人 50 元钱，就是压岁钱。"
我当时感动得眼泪都要流下来了，我跟太太说："儿子这么
小就知道孝敬父母了，这儿子真是没白养啊。"我跟太太都
高兴地收下了这 50 元"压岁钱"。你应该记住一点：你是怎

么对待你父母的，你的孩子就会怎样对待你。

3. 当着儿子的面给太太钱

　　我经常当着儿子的面给太太钱，我要告诉儿子一个道理：男人给自己的女人钱是天经地义的事情。有一次，电视台采访我儿子，问他："你长大挣钱干什么呀？"我儿子说："给我未来的妻子和孩子花，当然还给我的父母花。"

4. 给朋友买礼物

　　我和太太经常当着儿子的面给朋友买礼物，并且告诉他，这些礼物是送人用的。从儿子上幼儿园开始，儿子的好朋友过生日，我都会带儿子去买生日礼物送给他们。我跟儿子说："礼物可以增进你们的感情，让你们的关系更好。他过生日你送礼物，你过生日的时候也会收到他送的礼物。"有人对我说："孩子这么小，你就教给他送礼这一套，会把孩子教坏的。"我说："你现在不教，等他长大也要教，这是迟早要学的。在中国，送礼是一种民俗，'礼尚往来'永远都不会变。我们现在做的事情就是孩子们将来要做的。"

二、管理零花钱

从儿子 9 岁开始，我每月 14 日发给他 300 元零花钱（上高中后涨到 500 元），并且规定零花钱不能预支，钱的用途包括购买零食、课外书、杂志、游戏机、光盘，请小朋友吃饭，送小朋友礼物等等。儿子拥有 300 元完整的支配权，但每笔支出都必须记账。儿子有个记账本，上面记载着每次花钱的日期、用途和金额。在每个月发钱的时候，我要检查他上个月的账目，看看花了多少，都花到什么地方了，还剩多少。我从不拖欠儿子零用钱，每月都按时发放。儿子也认真地记好每一笔账，差不多每个月都有节余。理财是一种习惯，记账是一种好习惯，计划消费也是一种好习惯，儿子从小养成这些好习惯，长大后我就不用操心了。

三、管理压岁钱

从儿子 5 岁起，他的压岁钱归儿子自己所有，他 5 岁前收到的压岁钱都被我和妻子"贪污"了。儿子每年有几千元的压岁钱，2008 年(儿子 9 岁)春节后，我在银行给他开了一张"一卡通"，把两万多元压岁钱存入卡内。我跟儿子约定：以后每年的压岁钱都存入这张卡；压岁钱只能用于投资，不能用于消费。在儿子年满 18 岁前，股票账户是用我的名字开的，我是这个账户的投资管理人，但是投资收益和亏损都由儿子承担，我在投资股票、股票基金、债券基金之前，要征得儿子的同意。儿子现在年满 18 岁了，股票账户变成了他自己的名字，现在的股票账户由他自己管理。

四、学会交易

记得儿子 10 岁的时候，有一天，儿子突然跟我说："爸，我手里有一张卡片，有个马来西亚小朋友要花 100 元买。"我说："什么卡片？"儿子说："是我吃的干脆面里带的卡片，我们这些小朋友都收集这些卡片。"我说："你这张卡片别人有吗？"儿子说："咱小区就我这一张，是关羽的头像。"听了这个情况，我跟儿子说："既然只有你有这一张，就再等等，他还会找你的。"果不其然，第二天，那个小朋友又给儿子打电话，出价提高到 200 元。儿子问我卖不卖，我说再等等。第三天，那个马来西亚小朋友带了 500 元来到我家，要买儿子的卡片。儿子问我怎么办，我说："200 元卖给他。"事后儿子问我为什么，我说："你的卡片是独一无二的，你占有的是稀缺资源，因此你可以要高价。我让你 200 元卖给他，是因为：第一，200 元已经不少了；第二，做事情应该公平，凡事不能过分；第三，要让对方觉得买得便宜，下次他还会找你。"从小培养孩子良好的交易习惯对提高孩子的财商是很有帮助的。

让孩子从小学习经济知识，对孩子未来的成长有很多好处：从短期效果来看，会养成孩子不乱花钱的习惯；从中期效果来看，会培养孩子投资的能力和处理人际关系的能力；从长期效果来看，会培养孩子独立生活的能力和家庭责任感，让他成为一个对社会和家庭有用的人。此外，孩子在学习到更多的经济知识后，便会明白"天上不会掉馅饼"的道理，长大后就不容易受骗，这能增强孩子的自我保护能力。

婚姻生活不仅是感情生活，更是经济生活，处理好婚姻和家庭中的经济问题，会让你的生活更加美满幸福。

第三节

消费中的经济学

你的收入减去支出，剩下的部分就是你的财富，理财就是"理"你剩下来的钱，如果你是"月光族"，你就无财可理。所以，理财的第一步是攒钱，要想攒钱，就必须控制消费。你要攒钱，控制消费，就要遵循以下三个基本原则。

一、恪守量入为出的原则

量入为出是消费的基本原则，也是中华民族的优良传统。但是很多年轻人说："我怎么攒不下来钱呢？"这种声音很普遍。我来告诉你两个简单的方法。

1. 向自己收取按揭款

　　这里，我先讲一个小故事。有一个人非常富有，有很多人向他询问致富的方法。这位富翁就问他们："如果你有一个篮子，每天早上向篮子里放 10 个鸡蛋。当天吃掉 9 个鸡蛋，最后会如何呢？"有人回答说："迟早有一天篮子会被装得满满的，因为我们每天放在篮子里的鸡蛋比吃掉的多一个。"富翁笑着说："致富的首要原则就是在你的钱包里放进 10 个硬币，最多只能用掉 9 个。"

　　这个故事说明了理财中一个非常重要的法则，当你收入 10 元钱的时候，你最多只能花掉 9 元钱，让那 1 元钱被"遗忘"在钱包里。无论何时何地，永不破例。哪怕你只收入 1 元钱，也要把 10% 存起来。这就是理财的"九一法则"。

　　你千万别小看这个法则，它可以使你的存款从无到有，由少变多。它的意义并不在于存下几个钱，它可以让你形成一个把未来和金钱统一成一个整体的观念。它让你可以随着存款的不断增多，不断增加财务上的安全感，让你的内心变得祥和宁静。它可以让你养成储蓄的习惯，刺激你获取财富的欲望，激发你对美好未来的追求。

要养成储蓄的习惯，并不是一件难事，可是很多年轻人很难自觉做到这一点。这些人一旦向银行贷款买车、买房，或者刷卡消费了，他们就会养成被动还款的习惯。比如，他们发了工资，每个月第一件事就是要还车贷、房贷，还信用卡债务。如果这种被强制还款的行为变成一种自觉的储蓄行为，持续下去，你就能积累一笔非常可观的财富。这里，我们借用"按揭"这一提法，希望青年人自觉养成一种习惯，自觉地强制自己储蓄，这种储蓄哪怕一开始是不自觉的，时间长了也会变成一种习惯。对很多年轻人，特别是"月光族"来说，储蓄是理财的第一步。在每个月发了工资之后，你就强制自己把10% ~ 15%的工资存入银行，每个月这样做下去，日积月累，你会发现自己积累了一笔不小的财富。

2. 延迟消费

无论什么人，如果不是含着金钥匙出生的，他这一辈子要过上美好、幸福的生活，都必须在年轻的时候克制自己的消费欲望，做出必要的牺牲。很多年轻人说，年轻的时候正是人生最美好的时光，这个时候不享受，等年老时再享受就晚了。其实，我觉得这种认识正是年轻人对幸福生活在理解上的误区。什么是一个人真正幸福的时候？我觉得晚年的幸福才是真正的幸福。年轻时花钱无度就会透支晚年的幸福，甚至会造成晚年的不幸。我们看到很多老年人，过着不是很富裕的生活，他们都很后悔自己年轻时没有积攒养老的钱。因此，为了晚年的幸福，你应该在年轻的时候养成好的消费习惯，千万不要把晚年的幸福都透支掉。现在，很多年轻人互相攀比，过度超前消费，竞相购买高档消费品，这些钱很可能就是他们晚年时的养老金，到他们晚年缺少养老金的时候，他们才知道生活是多么凄凉。为了晚年的幸福，在年轻的时候就应该学习做"延迟族"，延迟满足自己的消费欲望。延迟消费是消费管理的关键环节，也是最重要的一个原则，它与超前消费截然不同。

二、远离消费陷阱的原则

生活中你会面临各种各样的消费陷阱，这些消费陷阱会吞噬你的钱财。要远离消费陷阱，你最好做到以下几点。

1. 调查研究，计划消费

在进行重大消费之前，你要进行深入的调查研究，要做到货比三家、心中有数，这样你就不会轻易被商家欺骗了。

2. 要理性面对销售人员的热情

不论在任何时候、任何情况下，你都要理性面对销售人员的热情，你要记住，他们的工作就是销售产品或服务，他们不是对你热情，而是对你兜里的钱热情。他们赚到了你兜里的钱，可能就不会再对你那么热情了。在没有经过慎重思考的情况下，面对销售人员的热情推销，你不要觉得磨不开面子或者不好意思。

3. 不要贪便宜

中国有句老话，叫"便宜没好货，好货不便宜"。不要因为一时贪便宜，最后因小失大，贪小便宜吃大亏。

4. 抛弃不切实际的幻想

你不要指望喝三盒减肥茶就可以抹平大肚子，这是违背人体规律的。你不要指望拥有一套炒股软件就可以成为股神，就可以在股市中战无不胜，那是绝对不可能的。你也不要轻信，你会突然中了什么大奖，因为天上不会掉馅饼。

三、合理负债的原则

在现代经济社会中，家庭负债消费非常普遍，家庭负债主要包括房贷、车贷、信用卡债务和小额消费贷款。家庭负债消费的原因多种多样，但是你要清楚，贷款毕竟是家庭财富的减项，增加了未来家庭的现金流出，贷款太多一定不是什么好事。中国有一句老话，"无债一身轻"。

下面我就对家庭债务问题谈几点看法。

第一，房贷支出的比例要控制在家庭月收入的30%以内，如果达到50%，你就会感受到巨大的财务压力，你的财务就失去了弹性。我之所以说控制在30%以内会让你具备财务弹性，是因为万一你的收入减少，这种做法会让你不至于立即陷入财务困境。

第二，车贷属于超前消费，在还不具备条件时，能不买车就不买车。

第三，信用卡债务是按照复利计息的，年化利率超过18%，属于高利贷，所以你要将信用卡与你的储蓄卡捆绑，按期还款。

第四，信用卡还款不要分期，分期还款表面上听起来费率不高，其实年化利率在15%左右，也是高利贷。

第五，消费贷款违背了延迟消费的原则，我个人对这种负债形式是不赞同的。

我们讲述消费经济学的目的，就是让你认识到控制消费的重要性，只有合理控制消费，你才能攒下更多的钱，为未来的生活打下良好的基础。理财，就是为明天的生活储蓄今天的财富。

第四节

资产配置

资产配置是家庭理财的核心，所谓资产配置，就是你把手中的钱分配到不同的"工作岗位"上，让你的钱为你去工作，目的是让你手中的钱保值和增值，同时保护家庭财富安全。

一、资产配置的方法

你如果把攒下来的钱都存在银行里，就会面临一个问题：长期来看，银行存款利率跑不赢通货膨胀，也就是说你的钱会贬值。如果你把攒下来的钱都用于风险性投资，那么结果是有可能跑赢通货膨胀，但也有可能亏本。那么，你应该如何分配利用手中的钱呢？

我建议把你手中可用于各类投资的钱分成三份，分别放在三个"池子"里。第一个"池子"里放的是应急钱，第二个"池子"里放的是保命钱，第三个"池子"里放的是闲钱。我这样，是按照投资的三个属性来划分的。投资的三个属性是流动性、安全性和盈利性。应急钱对应的是流动性，保命钱对应的是安全性，闲钱对应的是盈利性。

下面让我们来看看这三种钱都分别用来做什么。

1. 应急钱

应急钱用于应对失业、家人生病等意外开支，一般家庭应该保留两年的生活费作为应急钱。应急钱可以用来进行短期投资，这些短期投资产品风险低、收益低，但是流动性好，随时可以变现。应急钱主要用于投资短期银行存款、大额存单、结构性存款、短期银行理财产品和货币市场基金。

2. 保命钱

保命钱是可以保值的钱，主要用于家庭大宗支出。一般家庭至少应该保留 5 年以上的生活费作为保命钱，而且随着年龄的增长，保命钱应该越存越多，到你退休的时候，应该有 20 年的生活费（考虑通货膨胀的因素）作为保命钱。保命钱主要用于投资定期银行储蓄、大额存单、中长期国债、储蓄型商业保险、房产、美元、黄金等，这些投资相对安全，收益能抵抗通货膨胀，让资产不贬值。

3. 闲钱

闲钱是家庭 5 年以上不会用到的闲置资金（如果是退休老人，就是 20 年以上不会用到的闲置资金），这些钱可以用来做风险投资，但不是必须做风险投资。这些钱可以用于投资股票、股票型基金、投资连结保险等。这些投资有可能带来较高的收益，但也可能产生亏损。

你的资产配置中仅仅有投资是不够的，因为有可能一次意外事故（疾病、工伤、车祸、意外责任）就会让你的巨额财产遭受损失，让你的钱财大量流失甚至损失殆尽。因此，你需要给你的财富"买保险"！保险可以为你的应急钱、保命钱、闲钱提供保障（如图 1 所示）。这里说的保险，是指保障型保险，主要包括定期寿险、意外伤害保险、重大疾病保险、医疗保险、汽车保险、家庭财产保险等等。当你遇到意外事故时，保险会给你提供补偿性资金，帮你度过财务危机。我讲过一句名言：一个人不买保险就相当于"财富裸体"。

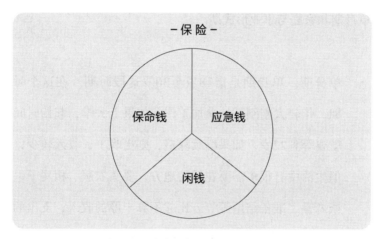

图1 _ 家庭资产配置关系图

综上所述，家庭资产配置就是把你赚到的钱分成四份：应急钱、保命钱、闲钱和保险钱。让不同性质的钱在不同的工作岗位上为你工作。

二、生命周期与资产配置

1. 青年期

　　青年期是指 18 岁至 35 岁这段时期。青年期又可细分为单身期和家庭与事业形成期。

- 　单身期。单身期是指18岁至30岁这段时期。在这个时期，年轻人刚刚开始参加工作（如果上大学，起始时间就要等到22岁，如果继续深造，则更晚），收入较少，但生活中有很多需要花钱的地方，要买衣服、租房子、谈恋爱、准备结婚等等。比起不算丰厚的收入，支出的负担还是比较重的。但这个时期又往往是个人资产的原始积累期，因此，这个时期的年轻人应该在努力工作、扩大收入来源的同时，着重攒钱，为建立家庭做准备。与此同时，由于年轻，抗风险的能力较强，你可以拿出一小部分资金，尝试进行投资，比如投资股票和基金，为自己中年后的投资积累经验。这个时期的年轻人，由于家底不够丰厚，所以一定要注重保障，购买基本的保险产品，比如意外伤害保险和医疗保险，防止因为一次意外或疾病，把储蓄消耗干净。

- 家庭与事业形成期。家庭与事业形成期是指30岁至35岁这段时期。在这段时期，个人事业初步形成，两个人组建了家庭，经济收入有了一定的增加，生活开始走向稳定，但伴随着孩子的出生，家庭的经济负担也在加重。尽管家庭的财力不算雄厚，但呈现蒸蒸日上之势。此时家庭最大的支出是购房，一般要采用贷款的方式买房，对此夫妻二人要进行仔细的规划，将月供负担控制在家庭经济能力可以承受的范围之内（不超过家庭月收入的30%）。同时，要开始为孩子积累教育费用（比如教育储蓄、基金定投和理财型保险），以减轻孩子接受高等教育时的资金压力。此外，由于有房贷的压力，还应该为家庭购买保障型保险，比如定期寿险和重大疾病保险。

2. 中年期

中年期是指 35 岁至 60 岁这段时期。中年期又可以细分为家庭与事业成长期和退休前期。

- 家庭与事业成长期。家庭与事业成长期是指35岁至55岁这段时期。人到中年，事业逐步走向成功，收入日渐丰厚，虽然日常支出也在增多（买车、负担孩子的大学教育费用、赡养父母等），但是收入的增长速度要比支出的增长速度快。这个时期首要的任务是还清房贷，其次是加大投资力度（特别是风险性投资，包括股票和基金），为家庭储备未来的养老金。这个时期家庭的保险规划，可以从青年时期的保障型保险向储蓄性保险延伸，可以购买商业养老保险、终身寿险和理财型保险。

- 退休前期。退休前期是指55岁至60岁这段时期。在这段时期，孩子已经完成大学学业，参加工作，经济开始独立。此时家庭收入丰厚，支出减少，没有负债，财务状况良好。这段时期，最重要的是准备好养老金，在资产配置中逐渐减少风险性投资的比重，增加安全性投资的比重，获取安全、稳定的投资收益。

3. 老年期

老年期是指 60 岁以上的这段时期，也就是退休期。进入退休期，家庭收入减少，而休闲和医疗费用增加，其他费用减少。此时，家庭的风险承受能力下降，对资金的安全性要求远高于收益性，因此，在资产配置上要进一步降低风险，进一步减少风险性投资的比重，甚至不进行风险性投资。一句话，当个"守财奴"。

这里总结一下人生不同时期的资产配置重点。

第一，青年时期的资产配置重点是：着重攒钱，尝试投资，注重保障。

第二，中年时期的资产配置重点是：偿清债务，大力投资，注重保障。

第三，老年时期的资产配置重点是：保管好钱，少量投资，安全第一。

家庭经济学是每个人的必修课，学习和运用好家庭经济学对你的幸福生活具有很现实的指导意义和作用。当然，我讲的方法不一定完全适合你，你要灵活运用。

第四章

保险中的
经 济 学

每个人在生活中都会面临生、老、病、死、残的风险，也同样会面临房屋失火、汽车事故的风险，而保险就是运用市场机制，通过风险分摊的方式来应对上述各种风险。保险公司通过集中某种风险，然后将大的风险切分成小块，并将它们分散出售给投保人来换取风险酬金，从而建立起规模巨大的风险基金，再对零散的风险事故进行赔付。这个过程将对一个人来说可能是很大的风险分摊给众多人，从而使每个人承担的风险很小，保险公司也可以通过收取保费获得收益。

保险的概念和性质

一、保险的概念

保险是指投保人根据合同约定，向保险人支付保险费，保险人对于合同约定的可能发生的事故因其发生所造成的财产损失承担赔偿保险金责任，或者当被保险人死亡、伤残、疾病或者达到合同约定的年龄、期限时承担给付保险金责任的商业保险行为。

二、保险的性质

- 保险是一种经济行为。保险属于金融服务业，它提供的产品是无形的服务，保险人以营利为目的。

- 保险是一种金融行为。保险人通过收取保险费聚集大量的社会资金，再对这些资金进行运作，实际上是在社会范围内起到了资金融通的作用。

- 保险是一种合同行为。保险是保险人和投保人之间的合同行为。保险合同明确规定了保险当事人双方的权利和义务。

- 保险是一种国民收入再分配机制。保险的运行机制是投保人共同缴纳保险费，组成保险基金，当某一个被保险人遭受损失时，他可以从保险基金中得到补偿。因此，从被保险人的角度看，保险在被保险人和投保人之间建立了收入再分配的机制。

- 保险是一种危险损失转移机制。保险转移危险是指投保人在支付一定的保险费后，换取了被保险人未来经济上的稳定。也就是说，投保人用确定的支出（保险费）转移了未来不确定的危险损失。比如，投保人在缴纳房屋保险费后，即便房屋发生火灾，被保险人在经济上也会得到一定的补偿。

第二节

保险的分类

按照保险的标的分类，保险可以分为人身保险、财产保险、责任保险和信用保证保险。

一、人身保险

人身保险是以人的身体和寿命为保险标的的保险。人身保险又可以分为人寿保险、健康保险和意外伤害保险。

二、财产保险

财产保险是以财产及其相关利益为保险标的，保险人对

由于保险事故发生导致的财产损失给予被保险人一定补偿的
保险。财产保险有广义和狭义之分：广义的财产保险是指人
身保险之外的所有保险业务；而狭义的财产保险是指财产损
失保险。这里说的财产保险是指狭义的财产保险。我们在日
常生活中接触到的财产保险主要包括汽车保险、房屋保险、
家庭财产保险等。

三、责任保险

责任保险是以被保险人对第三者依法应负的赔偿责任为
保险标的的保险。责任保险属于广义的财产保险范畴。

四、信用保险

信用保险的保险标的是合同的权利人和义务人约定的经
济信用，信用保险是一种担保性质的保险，它属于广义的财
产保险范畴。

五、保证保险

保证保险是指在约定的保险事故发生时，被保险人需要在约定的条件和程序成立时才能获得保险人赔偿的一种保险。保证保险属于广义的财产保险范畴。

第三节

保险的作用

保险在家庭理财中具有十分重要的作用。

一、转嫁家庭财务风险

在现实生活中，你会面临各种经济风险的威胁，我们举几个例子说明。

车祸。如果你把别人的车撞了，你需要支付赔款；如果你撞了人，还要支付高额的医疗费用。

火灾。一把大火可能会把你家的家具、电器、装修烧个精光。

疾病。你如果不幸得了癌症，就要面临高额的医疗费用，这些费用远远超出社保报销的范围。

伤残。如果你因为意外事故造成终身残疾，那么你将不能为家庭再做出经济贡献，而你的妻子还要偿还高额的房贷。

死亡。如果你因为意外伤害或因病死亡，你的父母从此无人赡养，你的妻子和孩子从此经济上会陷入困境。

我上面列举的风险只是你所面临的经济风险的一部分，远不是全部。可以肯定的是，这些风险是每个人都会遇到的，这些风险事故一旦发生，就会给家庭造成不同程度的财务影响，甚至是灾难性的影响。当家庭发生某种风险事故时，这个家庭一定需要外来的经济补偿，帮助自身渡过财务难关，而最好的经济补偿来源就是保险赔偿金。如果你事先购买了足够的保险，风险发生时你就会获得保险公司的保险赔偿。保险赔偿金能帮你渡过财务危机，保证你家庭生活的稳定。因此，我们说购买保险是转嫁家庭财务风险的最好的方式。要注意，根据我国个人所得税法的规定，保险赔偿金是免征个人所得税的。

二、强制储蓄

从人的一生来看，收支往往是不平衡的。尤其是人到老年，没有了工作收入，主要靠年轻时积累的养老金生活，而人寿保险是一种很好的储备养老金的方式。虽然通过个人储蓄也能储备养老金，但个人储蓄带有很大的随意性和目标的不确定性，人们往往缺乏足够的毅力来完成自己的储蓄计划，而且由于储蓄的退出成本低（随时可以支取，并且可以保本），储蓄资金容易被挪用。而人寿保险的"强制性"弥补了这方面的缺陷。人寿保险的"强制性"主要体现在退出成本高（投保后退保成本极其高昂），高昂的退出成本使得你"不得不"继续缴纳保险费，结果是，你通过持续缴纳保险费为自己的晚年生活积累了一笔丰厚的养老金。要注意，目前保险单的分红收益和投资收益也是免征个人所得税的。

三、规避遗产税

我国目前尚未开始征收遗产税，但是随着社会财富的增长，贫富差距的加大，未来开征遗产税的可能性非常大，是大概率事件。我国的遗产税到底如何征收，我们现在不得而知。但是我们可以根据现有的法律规定，看出保险金具有规避遗产税的作用。

《中华人民共和国保险法》第四十二条规定：

被保险人死亡后，有下列情形之一的，保险金作为被保险人的遗产，由保险人依照《中华人民共和国继承法》的规定履行给付保险金的义务：

（一）没有指定受益人的，或者受益人指定不明无法确定的；

（二）受益人先于被保险人死亡，没有其他受益人的；

（三）受益人依法丧失受益权或者放弃受益权，没有其他受益人的。

受益人与被保险人在同一事件中死亡，且不能确定

死亡先后顺序的，推定受益人死亡在先。

从这条法律规定可以看出，在被保险人死亡后，其人身保险合同指定的受益人依然生存且没有依法丧失受益权，则受益人获得的保险金不作为被保险人的遗产。既然保险金不作为被保险人的遗产，就谈不到征收遗产税的问题了。但是，如果保险金作为被保险人的遗产，是否征收遗产税就要看未来的法律规定了。要注意，订立人身保险合同时，一定要指定受益人（受益人是可以变更的），不要写"法定"。

四、合理规避债务

保险具有一定的规避债务功能，我们从以下法律规定可以看到。

《中华人民共和国继承法》第三十三条规定：

> 继承遗产应当清偿被继承人依法应当缴纳的税款和
> 债务，缴纳税款和清偿债务以他的遗产实际价值为
> 限。超过遗产实际价值部分，继承人自愿偿还的不
> 在此限。
> 继承人放弃继承的，对被继承人依法应当缴纳的税
> 款和债务可以不负偿还责任。

要注意，根据《中华人民共和国保险法》的规定，在被保险人（被继承人）死亡后，其人身保险合同指定的受益人（继承人）依然生存且没有依法丧失受益权，则受益人（继承人）获得的保险金不作为被保险人（被继承人）的遗产。既然保险金不作为被继承人的遗产，就谈不到偿还债务的问题了。在此我们可以看到，保险具有合理规避债务的作用。

五、提供新的投资渠道

比如，理财型保险和投资连结保险为人们提供了新的投资渠道。

六、实现财产的传承

你可以通过指定受益人的人寿保险单将你的部分财产顺利实现传承，实现你生前的财产分配意愿，减少身故后财产继承人之间的财产纠纷。

七、保全资产

理财型保险具有很好的保全资产的作用，可以避免乱投资造成的资产损失。

第四节

保险产品的分类

从理财实践的角度出发，我把保险产品分为三类：保障型保险产品、储蓄型保险产品和投资型保险产品。

保障型保险产品包括定期寿险、意外伤害保险、医疗保险、重大疾病保险、家庭财产保险、机动车辆保险。

储蓄型保险产品包括终身寿险、年金保险、生死两全保险、理财型保险。

投资型保险产品主要是指投资连结保险。

不同类型的保险产品具有不同的特点，在家庭财务管理中能够发挥的作用也有所不同。后文会详细展开介绍。

第五节

保险单的现金价值

保险单的现金价值是一个非常重要的概念，会出现在很多保险合同中。因此，我认为非常有必要在此对它的含义做出解释，从而加深你的印象和理解。保险单的现金价值是指带有储蓄性质的人身保险单所具有的价值。

由于人身保险单的缴费期限很长，保险公司在实际操作中往往采用均衡保险费的方法，将投保人在合同期限内需要缴纳的全部保险费在整个缴费期限内均摊，使投保人每期缴纳的保险费相同。

当被保险人年轻时，其死亡概率低，投保人缴纳的保险费比实际需要的多，多缴纳的保险费由保险人逐年积累。当被保险人年老时，其死亡概率高，投保人缴纳的保险费比实际需要的少，不足的部分将由被保险人年轻时多缴纳的保险费予以弥补。投保人在被保险人年轻时多缴纳的保险费连同其产生的利息，每年累计起来，就是保险单的现金价值。

对于投保人和被保险人来说，保险单的现金价值具有以下三种功能。

- 退保。退保金按照保险单的现金价值领取。
- 保险单贷款。一般具有贷款功能的保险单，贷款的额度是以保险单的现金价值为基础的。
- 分红。在分红保险合同中，投保人享有的分红是以保险单的现金价值为基础的。

下面是保险单现金价值的简化计算公式：

保险单的现金价值=投保人已缴纳的保险费-保险人的管理费用分摊-保险人向销售人员支付的佣金-保险人因承担保险责任所需要的纯风险保险费+剩余保险费产生的利息

第六节
保险产品介绍

一、意外伤害保险

意外伤害保险是指以意外伤害事故而导致被保险人身故或残疾为给付保险金条件的人身保险。意外伤害保险中所称意外伤害是指，在被保险人没有预见到或违背被保险人意愿的情况下，突然发生的外来事故导致对被保险人的身体明显侵害的客观事实。

1. 意外伤害的概念

· 伤害。伤害是指被保险人的身体受到侵害的客观事实。

- 意外。意外包含以下两个层次的含义。

第一，被保险人事先没有预见到伤害的发生，可以理解为伤害事故的发生是被保险人事先不能预见或无法预见的。

第二，伤害事故的发生违背被保险人的主观意愿。

- 意外伤害的构成。意外伤害的构成包括意外和伤害两个必要条件。

2. 意外伤害保险的概念

意外伤害保险有三个层次的含义。

第一，必须有客观的意外事故发生，而且事故原因是意外的、偶然的、不可预见的。

第二，被保险人必须因意外事故造成人身死亡或伤残的结果。

第三，意外事故的发生和被保险人遭受人身伤害的结果两者之间有着内在的、必然的联系。

3.意外伤害保险的基本内容

投保人向保险公司缴纳一定数额的保险费，如果被保险人在保险期限内遭受意外伤害并以此为直接原因或近因，在被保险人自遭受意外伤害之日起的一定时期内造成死亡、残疾、支出医疗费或暂时丧失劳动能力，则保险公司给付被保险人或其受益人一定数额的保险赔偿金。

4.意外伤害保险的保障项目

· 死亡给付。

· 残疾给付。

意外死亡给付和意外残疾给付是意外伤害保险的基本责任，其派生责任包括医疗费给付、误工费给付、丧葬费给付等责任。

5.意外伤害保险的特点

· 保险金的给付。保险事故发生时，死亡保险金按照保险合同约定的保险金额给付，残疾保险金按照保险金额的一定比例给付。

- 保险费计算依据。意外伤害保险的保险费是根据保险金额损失概率计算的。被保险人遭受意外伤害的概率取决于其职业和从事的活动，在其他条件都相同时，被保险人的职业和所从事活动的危险程度越高，应缴纳的保险费越多。

- 保险期限。意外伤害保险的保险期限较短，一般都不超过一年。

6. 意外伤害保险的除外责任

意外伤害保险的除外责任就是保险公司不应该承保的意外伤害，如果承保，则违反法律的规定或社会公共利益。

意外伤害保险的除外责任一般包括：

1 被保险人在犯罪活动中受到的意外伤害。

2 被保险人在寻衅殴斗中受到的意外伤害。

3 被保险人在酒醉、吸食（或注射）毒品后发生的意外伤害。

4 被保险人的自杀行为造成的伤害。

7. 意外伤害保险的保险责任

意外伤害保险的保险责任是被保险人因意外伤害所导致的死亡和残疾，不包括疾病所致的死亡。只要被保险人遭受意外伤害的事件发生在保险期限内，保险人就要承担保险责任，给付保险金。

· 被保险人遭受意外伤害。

1 被保险人遭受意外伤害必须是客观发生的事实，而不是臆想的或推测的。

2 被保险人遭受意外伤害的客观事实必须发生在保险期限内。

· 被保险人死亡或残疾。

1 被保险人死亡或残疾。死亡即机体生命活动和新陈代谢的终止。在法律上发生效力的死亡包括两种情况：一是生理死亡；二是宣告死亡（即按照法律程序推定的死亡）。残疾包括两种情况：一是人体组织的永久性残缺；

二是人体器官正常功能的永久性丧失。

2　被保险人的死亡或残废发生在保险期限内。保险期限指
自被保险人遭受意外伤害之日起的一定期限（如 90 天、
180 天）。

在被保险人被宣告死亡的情况下，可以在意外伤害保险
合同条款中订有失踪条款，规定被保险人确因意外伤害事故
下落不明超过一定期限（如 3 个月、6 个月）时，视同被保险
人死亡，保险公司给付死亡保险金，但如果被保险人以后生
还，受领保险金的受益人应把保险金返还给保险公司。

·　意外伤害是死亡或残疾的直接原因或近因。

1　意外伤害是死亡或残疾的直接原因。

2　意外伤害是死亡或残疾的近因。

3　意外伤害是死亡或残疾的诱因。

8. 意外伤害保险保险金的给付方式

意外伤害保险属于定额给付性保险，当保险责任构成

时，保险公司按照保险合同中约定的保险金额给付死亡保险金或残疾保险金。

死亡保险金的数额是保险合同中规定的，当被保险人死亡时按照保险合同支付。残疾保险金的数额由保险金额和残疾程度两个因素确定。残疾程度一般以百分率表示，残疾保险金数额的计算公式是：残疾保险金＝保险金额×残疾程度。

在意外伤害保险中，保险金额是保险人给付保险金的最高限额，即保险人给付被保险人死亡保险金、残疾保险金累计不超过该被保险人的保险金额。

各个保险公司推出的意外伤害保险产品条款大同小异，你要重点关注费率和保险金额。

中国有句老话："天有不测风云，人有旦夕祸福。"人人都应该购买意外伤害保险。保险金额应该是家庭每年生活费用的 5 到 10 倍，如果家庭还有其他债务，那保额中还应该加上其他债务的数额。

二、重大疾病保险

重大疾病保险是指由保险公司承保的以特定重大疾病，如恶性肿瘤、心肌梗死、脑出血等为保险对象，当被保险人患有上述疾病时，由保险公司对被保险人所支付的医疗费用给予适当补偿的商业保险行为。根据保费是否返还来划分，重大疾病保险可分为消费型重大疾病保险和返还型重大疾病保险。

1. 重大疾病保险承保的重大疾病种类

重大疾病保险所指的重大疾病主要包括：恶性肿瘤、急性心肌梗死、脑中风后遗症、冠状动脉搭桥术（或称冠状动脉旁路移植术）、重大器官移植术、造血干细胞移植术、终末期肾病（慢性肾功能衰竭尿毒症期）。除这几种疾病外，保险公司还可以选择保其他重大疾病，重大疾病种类可达几十种。

2. 重大疾病保险的除外责任

因下列情形之一，导致被保险人发生疾病、达到疾病状态或进行手术的，保险公司不承担保险责任。

1 投保人、受益人对被保险人的故意杀害、故意伤害。

2 被保险人故意自伤、故意犯罪。

3 被保险人主动服用、吸食或注射毒品。

4 被保险人酒后驾驶、无合法有效驾驶执照驾驶，或驾驶无有效行驶证的机动车。

5 被保险人感染艾滋病病毒或患艾滋病。

6 战争、军事冲突、暴乱或武装叛乱。

7 核爆炸、核辐射或核污染。

8 遗传性疾病，先天性畸形、变形或染色体异常。

3. 重大疾病保险的作用和特点

· 抵御人生重大风险。

有关数据表明，人的一生罹患重大疾病的概率高达70%

左右。目前，重大疾病的平均治疗花费一般为十万元，有时甚至达到几十万元、上百万元（不包括康复费用和误工费用），那么，我们靠什么来抵御重大疾病造成的巨大风险呢？

重大疾病保险所保障的重大疾病通常具有以下三个基本特征：一是病情严重，会在较长一段时间内严重影响患者及其家庭的正常工作与生活；二是治疗花费巨大，此类疾病需要进行较为复杂的药物或手术治疗，需要支付高昂的医疗费用；三是不易治愈，病程会持续较长一段时间，甚至是永久性的。重大疾病保险给付的保险金主要有两方面的用途：一是为被保险人支付因疾病、手术治疗所花费的高额医疗费用；二是为被保险人患病后提供经济保障，尽可能避免被保险人的家庭在经济上陷入困境。

· 定额给付。

重大疾病保险是以疾病为给付保险金条件的保险，即只要被保险人罹患保险条款中列出的某种重大疾病，无论是否发生医疗费用或发生多少费用，都可获得保险公司的一次性定额补偿。

比如，你投保了30万元的重大疾病保险，哪怕你只缴纳了一年的保费，只要你罹患重大疾病后被确诊，保险公司会按照保额30万元进行理赔，而不是按照你已经缴纳的保险费进行理赔。

各家保险公司推出的重大疾病保险是有差异的，有些重大疾病保险是一次性给付，也就是说，你确诊了保险合同范围内的重大疾病，保险公司一次性给付保险金，保险合同终止。还有的重大疾病保险可以多次给付，也就是说，你确诊了保险合同范围内的重大疾病，保险公司支付了一次保险金后，保险合同继续有效，如果你在未来一段时间内再次确诊重大疾病，保险公司会再次给付保险金，甚至第三次，直到保险合同终止。当然，多次给付的保险产品价格会贵一些。对此，你要货比三家。

· 重大疾病保险人人都适合。

有的人可能会说，我有了社会医疗保险，而且单位福利也不错，所以没有必要买重大疾病保险了。实际情况果真如此吗？我们来看看社会医疗保险的保障范围。

1 社会医疗保险只报销因疾病引起的医疗费用。

2 社会医疗保险不对非工作期间发生的意外伤害和意外医疗责任进行赔付。

3 无论意外身故还是疾病身故，社会医疗保险都是没有身故赔偿的，身故后只是返还当时个人账户的金额，而且这部分金额很少。

4 社会医疗保险报销或者单位报销是先支出再补偿的，这就意味着，即使属于赔付范围，你也必须先支出，才能在这个基础之上报销，而且报销的数额不会大于支出总额。不在医保药品清单目录中的进口药和营养药是不能报销的。

5 社会医疗保险对投保人员的保障是"保而不包"的，社会医疗保险有起付线限制，额度内的费用需要自付，住院费用和大病医疗的自付比例和金额相对都比较高。

6 社会医疗保险重在保障，支付的标准以保障被保险人基本生活为前提，对于追求高品质的人来说是远远不够的。

所以，对于没有社会医疗保险的人来说，重大疾病保险尤其重要。而对于有社会医疗保险的人来说，重大疾病保险可作为一种必要的补充。

三、商业医疗保险

1. 商业医疗保险的概念和特点

商业医疗保险是指由保险公司经营的、营利性的医疗保障保险。投保人缴纳保险金，在被保险人遇到疾病时，被保险人可以从保险公司获得一定数额的医疗费用补偿。

商业医疗保险最突出的问题是价格高，保障程度低。虽然商业医疗保险的投保价格高，但经营此项业务的许多保险公司仍然不赚钱，主要有以下几个原因。

第一，投保人的逆选择。所谓逆选择，是指投保人在得知自己得病时才去投保，并以各种手段欺瞒保险公司的检查，投保后保险公司不得不依照保险合同条款支付其医疗费用。

第二，道德风险。道德风险是指被保险人（病人）和医生联合起来"算计"保险公司，采用小病大治、开空头医药费的方式，使保险公司支付高额费用。在有些地方，甚至出现了人不住院，只在医院虚开床位骗取保险费的现象。

2. 商业医疗保险的种类

· 普通医疗保险。

该险种是医疗保险中保险责任最广泛的一种，保险公司承担被保险人因疾病和意外伤害支出的门诊医疗费和住院医疗费。普通医疗保险一般采用团体方式投保，或者作为个人长期寿险的附加责任险投保，一般采用补偿方式给付医疗保险金，并规定每次给付的最高限额。

· 意外伤害医疗保险。

该险种负责被保险人因遭受意外伤害支出的医疗费，一般作为意外伤害保险的附加责任险。该险种通常采用补偿方式给付医疗保险金，保险合同不但规定保险金额，还规定治疗期限。

- 住院医疗保险。

该险种负责被保险人因疾病或意外伤害需要住院治疗时支出的医疗费用，不负责被保险人的门诊医疗费。保险金给付既可以采用补偿给付方式，也可以采用定额给付方式。

- 手术医疗保险。

该险种属于单项医疗保险，只负责被保险人因施行手术而支出的医疗费，不论是门诊手术治疗还是住院手术治疗。手术医疗保险可以单独投保，也可以作为意外伤害保险或人寿保险的附加责任险投保。采用补偿方式给付的手术医疗保险，在保险合同中只规定累计保险金最高给付限额。采用定额给付的手术医疗保险，保险公司只按照被保险人施行手术的种类，定额给付医疗保险费。

3. 商业医疗保险与社会医疗保险的区别

- 属性不同。商业医疗保险是保险公司运用经济补偿手段经营的一种险种，是由保险人与投保人双方按照自愿原则签订合同来实现的，保险公司可以从中营利。而社会医疗保险是国家根据宪法规定，为保护职工身体健康而设立的一种社会保障制度，是国家或地方政府通过立法方式强制执行的，不取决于个人意志，具有非营利性质。

- 保险对象和作用不同。商业医疗保险以自然人为保险对象，其作用在于当被保险人因意外伤害或疾病而支出医疗费用时，可获得一定程度的经济补偿。社会医疗保险主要以劳动者为保险对象，当劳动者因患病就医而支出医疗费用时，社会保险部门或其委托单位给予基本补偿，这有利于社会安定和维护社会公平。

- 权利与义务对等关系不同。商业医疗保险的权利与义务是建立在合同关系上，任何一个有完全民事行为能力的

自然人和法人，只要与保险公司自愿签订保险合同并按
照保险合同规定缴纳了保险费，本人或成员就能获得相
应的保险金给付的请求权，保险金额的多少取决于所缴
纳的保险费数额，即保险公司与投保人之间的权利与义
务关系是一种等价交换的对等关系。而社会医疗保险的
权利与义务关系建立在劳动关系上，只要劳动者履行了
为社会劳动的义务，就可以享受社会医疗保险待遇，劳
动者缴纳少量的保险费，就可以得到较高的保障。也就
是说，劳动者领取的保险金额与其所缴纳的保险费数额
并不成正比例关系，即权利与义务关系并不对等。

四、医疗费用保险

医疗费用保险是指保险人为被保险人在治疗疾病时发生
的医疗费用提供保险保障的保险。医疗费用包括诊疗费、手
术费、住院费、护理费、医疗设备费、各种检查费，以及医
院杂费。医疗费用保险由于保险标的是被保险人花费的各类
医疗费用，因此属于财产保险范畴。医疗费用保险补偿的是

因疾病的发生导致被保险人遭受实际的、可用货币衡量的医疗费用损失，且被保险人不应通过保险获得额外利益，所以医疗费用保险合同从本质上应归属于损失补偿类保险合同。

医疗费用保险具有以下特点。

- 保险费率高。
- 规定最高保险金额。医疗费用保险一般规定一个最高保险金额，保险人在此限额内支付被保险人所支出的医疗费用，无论被保险人是一次还是多次治疗。但一旦超过此限额，保险人就停止支付。
- 费用分摊。医疗费用分摊条款是医疗费用保险常用的条款，通常采用免赔额和比例分摊两种方式。此外，还有限额给付法和免责期限等方式。
- 保险期限短。医疗费用保险通常是一年一保。

五、定期寿险

定期寿险是指在保险合同约定的期间内，若被保险人死亡或全残，则保险公司按照保险合同约定的保险金额给付保险金。若保险期限届满时被保险人仍然健在，则保险合同自然终止，保险公司不再承担保险责任，并且不退回投保人已经缴纳的保险费。定期寿险的保险期限有 5 年、10 年、15 年、20 年，或到 50 岁、60 岁、70 岁等约定年龄多项选择。定期寿险具有保费低、保障高的优点，保险金的给付将免征个人所得税和遗产税。

1.定期寿险的特征

· 可更新或展期。

许多 5 年和 10 年的定期寿险规定，保险单所有人拥有可以更新或展期的选择权，即在保险期限届满时可以延长保险期限，不用提供可保性证据。换言之，就是被保险人不必进行体检，不论健康状况如何都可以将保险单展期。倘若定期寿险保单没有规定这项选择权，被保险人可能在保险期限届满时因健康状况不佳或其他原因不能再投保人寿保险，因此，规定这项选择权是为了保护被保险人的利益。定期寿险的保险费率在一定时期内是不变的，但在每次展期时要根据被保险人所达到的年龄提高费率标准。

· 可以转换成其他险种。

大多数定期寿险保险单具有可以变换的特征，即保险单所有人具有把定期寿险保险单转换为终身寿险保险单或两全保险单的选择权，而不必提供可保性证据。这种转换的选择权一般只允许在一个规定的转换期内行使，如只允许在50岁以前转换。大多数定期寿险保险单只有少量的准备金，在转换时，保险公司把它折成一个转换值。转换的方法有两种。

1 按照被保险人所达到的年龄转换。保险公司在转换日期出立一份终身寿险保险单或两全寿险保险单，该份新保险单的费率是根据被保险人所达到的年龄确定的。

2 按照被保险人投保时的年龄转换。这是一种具有追溯效力的转换方法，在转换日期出立一份新的终身寿险保险

单或两全寿险保险单，其费率是根据被保险人在定期寿
险保险单中的投保年龄以及取得那份保险单的方式来确
定的。

2. 定期寿险的分类

以保险金额在整个保险期限内是否发生变化为依据，可
以将定期寿险分为定期定额寿险、递减定期寿险和递增定期
寿险三种。

- 定期定额寿险：大多数定期寿险属于定期定额寿险。它
  的死亡保险金在整个保险期限内保持不变。比如，你投
  保了一份保额为20万元的10年期定额定期保险单，如果
  你在未来10年内死亡，且保险单仍然有效，那么保险公
  司将支付保险单受益人20万元的死亡保险金。

- 递减定期寿险：递减定期寿险的死亡保险金在整个保险
  期限内逐步减少。这种类型的保险单通常给出一个初始
  的死亡保险金，然后根据保险单规定的方法逐年减少。
  比如，你购买了一份递减定期寿险，该保险单第一年的

死亡保险金为10万元，以后在每个保险单周年日减少1
万元，以此类推。递减定期寿险保险单的续期保费在整
个保险期限内通常保持不变。

- 递增定期寿险：递增定期寿险规定一个初始的死亡保证
金，死亡保险金在整个保险期限内按照约定的时间间隔
逐步递增。比如，初始的死亡保险金为20万元，然后在
整个保险期限内在每个保险单周年日递增10%。递增定
期寿险保费一般随保额的增加而增加，但保险单所有人
通常有权在任何时候固定递增定期寿险保险金额。

3. 定期寿险的适宜人群

- 对于那些刚刚参加工作的年轻人或者收入较少的人来
讲，定期寿险可以让他们在家庭责任最重大的时期，以
很低的保费获得相对最大的保障，因此，定期寿险对低
收入人群来说是一种很好的选择。

- 很多私人企业的老板往往将企业资产及个人资产合二为
一，企业老板一旦死亡，就会对企业经营造成巨大的经
营风险，还会直接导致其家庭生活水准的下降。如果企

业老板投保了大额定期寿险，无疑对企业的债权人和自己的家人都是重要的保障。

· 对于那些有房贷的人来说，购买定期寿险也是很好的选择。定期寿险的保额可以和房屋总价相当，保险期限和贷款期限相同就可以。被保险人一旦死亡，家人就可以用死亡赔偿金来偿还贷款，避免家庭财务陷入困境。

4. 定期寿险具有以下特点

· 保险期限固定。保险期限可以为5年、10年、15年不等。有的以达到特定年龄，比如50岁、60岁为保险期满。

· 保险费不退还。如果保险期满，被保险人仍然生存，保险人不承担给付保险金的责任，同时不退还投保人已经缴纳的保险费。

· 保险费低廉。保险费低廉是定期寿险的最大优点。投保定期寿险可以用较少的支出获取较大的保障。

· 没有储蓄的性质。

六、年金保险

年金保险是指在被保险人生存期间，保险公司按照保险合同约定的金额、方式，在约定的期限内，有规律地、定期地向被保险人给付保险金的保险。年金保险是以被保险人的生存为给付条件的人寿保险，由于通常采用的是按年度周期给付被保险人一定金额的方式，因此被称为年金保险。年金保险非常适合作为储备养老金的方式。

1. 年金保险的主要特点

- 被保险人要在开始领取年金之前，缴清所有保费，不能边缴保费，边领年金。

- 年金保险可以有确定的保险期限，也可以没有确定的保险期限，但均以被保险人的生存为给付条件。当被保险人死亡时，保险公司立即终止给付。

- 投保年金保险可以使被保险人的晚年生活得到经济保障。被保险人在年轻时节约资金缴纳保费，年老之后就可以按期领取固定数额的保险金。

· 投保年金保险非常安全可靠。因为，保险公司必须按照
《中华人民共和国保险法》的规定提取责任准备金，而
且有保险公司之间的责任准备金储备制度保证，即使投
保人购买年金保险的保险公司破产，接管的保险公司也
会自动为被保险人给付年金。

2. 年金保险的主要险种

· 个人养老保险。

个人养老保险是一种主要的个人年金保险产品。投保人
在年轻时投保年金保险，按月（年）缴纳保险费至保费缴清，
在被保险人达到退休年龄次日开始领取年金，直至死亡。

年金受领者（被保险人）可以选择一次性给付或分期给
付年金的方式。如果年金受领者在达到退休年龄之前死亡，
保险公司会退还积累的保险费或保险单现金价值。在保险合
同期限内，投保人可以终止保险合同，领取退保金。一般来
说，保险公司对个人养老保险会有如下承诺。

1 被保险人从约定养老年龄（比如 60 周岁）开始领取养老金，可按月领取、按年领取，也可以一次性领取。对于按月领取或按年领取者，保险公司保证在一定年限（比如 20 年）内按期向被保险人给付年金，如果在这一期限内被保险人死亡，受益人可继续领取年金至年限期满。

2 如果被保险人在领取年金一定年限后仍然生存，保险公司会每年向其给付按一定比例递增的年金，直至被保险人死亡。

3 被保险人在缴费期内因意外伤害事故或因病死亡，保险公司会给付受益人死亡保险金，保险合同终止。

- 定期年金保险。

定期年金保险是指投保人在保险合同规定的期限内缴纳保险费，在被保险人生存至一定时期后，被保险人依照保险合同的约定按期领取年金，直至保险合同规定期满终止的年金保险。如果被保险人在约定期内死亡，那么自被保险人死亡时终止给付年金。子女教育保险就属于定期年金保险。家长（父母）作为投保人，在子女幼小时，为其投保子女教育保险，等到子女满 18 岁开始，从保险公司领取教育金作为子女读大学的费用，直至大学毕业。

3. 联合年金保险

联合年金保险是以两个或两个以上的被保险人的生命作为给付年金条件的保险。它主要有联合最后生存者年金保险以及联合生存年金保险两种类型。

- 联合最后生存者年金保险是指同一保险单中的两人或两人以上，只要还有一人生存就继续给付年金，直至全部被保险人死亡后才停止给付。它非常适合夫妻购买。由于以上特点，这种年金保险产品比相同年龄和金额的单人年金保险产品需要缴纳更多的保险费。
- 联合生存年金保险是指两个或两个以上被保险人中只要一人死亡，保险公司就停止给付年金。

4. 年金保险的分类

* 按照缴费方式划分。

年金保险按照缴费方式不同可分为趸缴年金保险与分期缴费年金保险。趸缴年金保险又称一次性缴费年金保险，投保人一次性缴清全部保险费，然后从保险合同约定的年金给付开始日起，被保险人按期领取年金。分期缴费年金保险是投保人在保险金给付开始日之前分期缴纳保险费直至缴清，从约定的年金给付开始日起，被保险人按期领取年金。

* 按照年金给付开始时间划分。

年金保险按照年金给付开始时间不同可分为即期年金保险和延期年金保险。

即期年金保险是指在投保人缴清所有保费且保险合同成立生效后，保险公司立即按期给付保险年金的年金保险。即期年金保险通常采用趸缴方式缴纳保费。

延期年金保险是指保险合同成立生效后，投保人按照保险合同的规定缴纳全部保费，且被保险人到达一定年龄或经过一定时期后，保险公司在被保险人仍然生存的条件下开始给付年金的年金保险。

· 按照被保险人划分。

年金保险按照被保险人不同可分为个人年金保险、联合最后生存者年金保险和联合年金保险。

个人年金保险又称单人年金保险，被保险人为一人，是以个人生存为给付条件的年金保险。

联合最后生存者年金保险是指在两个或两个以上的被保险人中，在约定的给付开始日，至少有一个被保险人生存即给付，直至最后一个被保险人死亡才停止给付的年金保险。此种年金保险的投保人多为夫妻。

联合年金保险是指在两个或两个以上的被保险人中，只要其中一个死亡，保险金给付就终止的年金保险，它以两个或两个以上被保险人同时生存为给付条件。

* 按照给付期限不同划分。

年金保险按照给付期限不同可分为定期年金保险、终身年金保险和最低保证年金保险。

1 定期年金保险是指保险公司按照保险合同约定的给付期限给付被保险人的年金保险。

2 终身年金保险是指保险公司以被保险人死亡为终止给付时间的年金保险。也就是说，只要被保险人生存，被保险人将一直领取年金。对于长寿的被保险人而言，该险种最为有利。

3 最低保证年金保险是为了防止被保险人过早死亡而丧失领取年金的权利而产生的年金保险。它有两种给付方式。一是确定给付年金，它按照给付年度数来保证被保险人及其受益人的利益，该种最低保证年金形式确定了给付的最少年度数，若在规定期限内被保险人死亡，被保险人指定的受益人将继续领取年金到期限结束。二是退还年金，它按照年金给付的返还来保证

被保险人及其受益人的利益，该种最低保证年金形式
确定给付的最少返还金额，当被保险人领取的年金总
额低于最低保证金额时，保险公司以现金方式自动分
期返还其差额。

· 按照年金给付额是否变化划分。

年金保险按照年金给付额是否变化可分为定额年金保险
与变额年金保险。

定额年金保险的年金给付额是固定的，因此，定额年金
保险与银行储蓄性质相似。

变额年金保险属于创新型寿险产品，变额年金保险通常
具有独立投资账户，变额年金保险的年金给付额，随投资账
户的资产收益变化而不同。变额年金保险有效地解决了通货
膨胀对年金领取者生活状况的不利影响。

5. 年金保险的本质

年金保险和死亡保险的作用正好相反。死亡保险为被
保险人因过早死亡而使被保险人家庭丧失的收入提供经济保

障，年金保险是预防被保险人因寿命过长可能导致其丧失收入来源（或耗尽积蓄）而进行的经济储备。如果一个人的寿命与他的预期寿命相同，那么他投保年金保险既未获益也未损失。如果他的寿命超过预期寿命，那么他获得了额外收益，其得到的额外收益主要来自没有活到预期寿命的被保险人缴纳的保险费，所以年金保险对于长寿者有利。

七、终身寿险

终身寿险是保险公司为被保险人的死亡或全残提供终身保障的保险，保障期限一般到生命表的终极年龄100岁为止。如果被保险人在100岁之前死亡，保险公司将给付受益人相应的保险金。被保险人如果生存至100岁，保险公司就向被保险人给付保险金。

1. 终身寿险的两种基本形式

终身寿险是提供终身保障的保险，一般到生命表的终极年龄100岁为止。被保险人如果生存到100岁，保险公司就向被保险人给付保险金。终身寿险有普通终身寿险和限期缴费终身寿险两种基本形式。

· 普通终身寿险。

普通终身寿险是一种灵活的人寿保险，投保人采用终身缴纳保险费的方式。普通终身寿险是保险公司提供的最普通的保险产品。普通终身寿险具有下列特点。

1 提供终身保障，若被保险人生存到 100 岁，仍可以取得保险金。

2 终身缴费方式使年均衡保费较低。

3 在保险单失效时支付退保金。在保险单生效的 1 至 3 年内，保险公司一般不支付退保金，因为在签发保险单时，保险公司支付了代理人佣金和其他费用。

4 灵活性。普通终身寿险的条款允许投保人把该保险单转换为减额的保险费缴清保险单。保险单所有人还可以用普通终身寿险保险单的现金价值作为一次缴清的保险费，把该保险单变换为定期寿险保险单，或者在退休时把该保险单转换为年金保险单。

· 限期缴费终身寿险。

限期缴费终身寿险是指保险费的缴清要在一定期限内完成，缴纳保险费的期限可以用年度数或被保险人所达到的年龄来表示，比如 10 年、20 年、30 年，或者被保险人的退休年龄。由于限期缴费终身寿险的缴费期短于保险期，所以这种保险单的年均衡保费大于终身缴费型保险单的年均衡保费，但其缴费总额与终身缴费型保险单是等值的。

一方面，限期缴费终身寿险由于具有较高的年均衡保费，所以这种终身寿险不适合需要保险保障高而收入水平低的人。短期的限期缴费终身寿险适合在短期内有很高收入的人购买，一次缴清保费的终身寿险是其极端形式。另一方面，由于限期缴费终身寿险能迅速积累现金价值，它与普通终身寿险一样，也向保险单所有人提供不可没收现金价值、红利支付、保险单变换等选择权，同样具有灵活性。目

前，国内人寿保险公司提供的终身寿险多为限期缴费终身
寿险。

2. 终身寿险的特点和适用人群

终身寿险是人寿保险的重要险种之一，其特点如下。

1. 终身保障。
2. 保费是固定不变的。
3. 保险单有现金价值。
4. 保费相对较高。
5. 由于有现金价值的积累，投保人到一定年限时可以不用
   再缴纳保费。
6. 有确定的缴费年限，比如 10 年或 20 年保证缴清。
7. 保险单一般具有分红功能。

终身寿险适合收入比较高、比较稳定，希望有固定规模
的财产传承给子女的中年人士购买。

3. 定期寿险和终身寿险的区别

定期寿险只提供一个确定时期的死亡保障，如果被保险人在规定期限内发生意外身故，保险公司向受益人给付保险金。如果被保险人在保险期限届满时仍然生存，那么保险公司不承担给付保险金的责任，也不退还保险金。定期寿险不具有储蓄性质。

终身寿险是一种不定期的人寿保险，为被保险人提供终身保障，即保险公司为被保险人提供保障，直至被保险人身故时终止。终身寿险是以人的最终寿命为保险期限，在事故发生时，由保险人给付受益人保险金的保险。终身寿险具有储蓄性质。

简单来说，终身寿险的保险单集保险（保障）和储蓄（投资）于一身，而定期寿险的保险单仅仅是一份保险单（纯保障）。

4. 购买终身寿险的好处

· 加杠杆。比如，你40岁，投保100万元保额的终身寿险，受益人是你的子女，缴费期限10年，每年缴费6万元。如果你刚缴完第一年的保费就身故了，那么你的子女可以从保险公司拿到100万元的死亡保险金。

- 数额确定。你投保100万元的终身寿险，你的子女迟早能从保险公司拿到这100万元，因为你肯定会死亡。

- 能充分体现你的意愿。你投保100万元的终身寿险，你可以给大儿子60万元，小儿子40万元，这些都随你心愿。

- 可以规避遗产税。

- 便利性。在你身故后，你指定的受益人可以凭你的死亡证明、保险单和受益人的身份证到保险公司领取保险金。

八、生死两全保险

生死两全保险（又称混合保险）是指无论被保险人在保险期限内死亡或期满生存，都可以获得保险金的一种人寿保险。

投保人在缴纳保费后，如果被保险人在保险有效期限内死亡，保险公司向受益人给付保险金。如果被保险人在保险期限届满仍生存，保险公司向被保险人给付保险金，保险公司在给付全额保险金后，保险合同终止。

1. 生死两全保险的特点

· 储蓄性。被保险人投保生死两全保险，既可获得保险保障，也参加了一种"零存整取"储蓄。被保险人可按年（月）向保险公司缴纳保费，若遇到保险责任范围内的事故，受益人（被保险人的家人）就可以得到一份保障。若被保险人生存到保险期满，则可以领到一笔生存保险金，用来养老。

· 给付性与返还性。在生死两全保险中，无论被保险人在保险期限内身故，还是保险期满仍然生存，保险公司都要返还一笔保险金。在未返还被保险人保险金之前，投保人历年所缴纳的保费等于以保险责任准备金的形式存放在保险公司，也就是说，投保人缴纳的保费相当于保险公司对被保险人的负债。

2. 生死两全保险的重要性

　　生死两全保险是人寿保险中对投保人来说接受度最高的一种产品，它不但可以作为一种储蓄手段，为养老提供保障，还可用于为特殊目的（遗产）积累一笔资金。现在，市场上销售的各种长期寿险产品都是在生死两全保险的基础上变通得来的。

九、理财型保险

　　理财型保险是一种创新型的保险产品，其本质是类投资品，它的主要功能是"保钱"。下面我们介绍一下理财型保险。

1. 产品特点

- 缴费时间短。理财型保险通常缴费期限是3年或5年，而传统的储蓄型保险缴费期限通常是10年、20年，甚至更长。

- 返还快。理财型保险在保险合同生效的第5年年末就开始向客户返还现金。

· 返还时间长。大部分理财型保险产品从缴费的第5年年末开始返还现金，一直返还到客户身故，客户可以获得伴随终身的现金流。

· 资金二次增值。理财型保险通常"外挂"一个万能险，返还的现金可以直接进入万能险账户，万能险账户具有保底利率，客户的资金稳赚不赔，从而实现二次增值。

· 被保险人身故，保险公司退还已缴保费。

2. 主要产品形态（举例说明）

第一种，在保险合同生效的第 5 年年末，向客户返还 20% 的已缴纳保费，从第 6 年开始每年向客户返还固定的现金（保额的 20%、保额的 30%、保额的 60% 等等，不同产品返还比例不同），直至终身。

第二种，在保险合同生效的第 5 年年末和第 6 年年末，各向客户返还已缴保费的 10%。从第 7 年开始，每年向客户返还保额的 20%（不同产品比例不同）。在保险合同生效的第 20 年末到第 24 年年末（不同产品时间不同），分 5 年向客户返还全部已缴保费。从第 26 年开始，每年向客户返还保额的 20%，直至终身。

第三种，在保险合同生效的第 5 年年末和第 6 年年末，各向客户返还已缴保费的 10%。从第 7 年开始，向客户每年返还保额的 30% 直至第 14 年年末。第 15 年年末，向客户返还保额的 100%，保险合同终止（不同产品设计不同）。

3. 理财型保险的作用

- 强制储蓄。

- 保全资产。客户购买理财型保险，可以让手中的资金安全地"囤下来"，避免乱投资造成的资金损失，从而实现资产保全的目的。

- 长期投资。理财型保险是一种长期投资品，投资期限可长达十几年、二十几年，稳赚不赔，是客户进行长期投资的一个很好的选择。客户可以用这笔钱给自己做养老金，也可以做子女教育金和婚嫁金。万能账户中的钱可以支取，灵活便利。客户还可以用保险单贷款，更具流动性。

- 财产传承。客户可以通过购买理财型保险实现财产传承的目的。

- 理财型保险是保险公司销售的主流险种，适合各个年龄段的人购买。

十、投资连结保险

投资连结保险，简称投连险，也称变额寿险。投资连结保险就是保险与投资基金挂钩的保险，是指一份保险单在提供人寿保险的同时，保险单在任何时刻的价值都是根据其投资基金在当时的投资表现来决定的。

1. 投资连结保险的特点

- 投资连结保险是一种将保险功能与投资功能融于一体的新型保险产品。投保人在购买保险保障的同时，可以获得其保险基金投资的选择权，享受期望的高投资回报。因为保险公司将投保人缴纳的保费用于购买投资基金单位，投资基金单位价格随基金的资产表现不同而不同，投保人有选择投资基金账户的权利。

- 投资连结保险通常设有货币账户、债券账户、基金账户、股票账户等多个账户。每个账户的投资组合不同，投资收益率也就不同，投资风险也不同。

- 投资连结保险的投资账户不承诺投资回报（没有保底收益）。保险公司在收取资产管理费后，投资账户所有的投资收益和投资损失都由投保人承担。

- 投资连结保险充分利用了专家理财的优势，投保人在获得预期高收益的同时也承担投资损失的风险。因此投资连结保险适合于具有正确的投资理念、追求资产高收益，又具有较高风险承受能力的投保人。

- 投保人的利益直接与投资收益率挂钩。投保人拥有获得所有投资收益（扣除必要的费用）的权利。当投资表现好时，投保人享有所有的收益。反之，当投资表现差时，投保人要承担风险，同时，投保人的收益有很高的变动性和不确定性。

- 投资连结保险对投保人来说有更高的透明度。投保人在任何时候都可以通过电脑查询其保险单的保险成本、费用支出以及独立账户的资产价值，投保人能明明白白地投资，这确保了投保人的利益。

2. 投资连结保险产生的背景

20 世纪 70 年代，英国最早出现投连险并在国际上流行开来。当时，欧美不少经营传统固定预定利率人寿保险品种的保险公司发现，尽管在承保时它们把利率固定好了，但以后各年投资收益的好坏仍然难以确定。由于市场竞争激烈，各家保险公司往往为了吸引客户、招揽业务，将预定利率一再调高，这使得保险公司经营越来越困难。于是，保险公司就将保险公司收益与个人收益挂钩，保险公司不会因为自身投资的亏损而赔付给客户一笔固定的利息，这样就将风险转嫁给了客户。从吸引客户方面来说，客户获得的收益随着保险公司投资收益的增多而增多，这给客户带来了获得高额投资收益的想象空间。保险公司这样做一举两得：一方面转嫁了风险，另一方面吸引了客户，从而促进了保险公司的业务增长。

目前，在欧美国家，投资连结保险的销售额不断增长，一般都占销售总额的 30% 以上，在中国香港和东南亚地区甚至占到销售总额的 50%。

3. 投资连结保险的功能

· 保障功能。

1 投资连结保险的保障范围、保障程度因具体产品而异。有的投资连结保险除了提供意外与疾病身故保险金、全残保险金等保障，还有其他保障内容，如保证可保选择权和豁免保险费等。

2 可保选择权的含义是指，投保人在保险单生效后可根据实际需要，在保险合同允许的范围内增加投保一份或多份保险，且无须进行体检。

3 豁免保险费是指在保险期间内，如被保险人因疾病或意外伤害事故导致丧失工作能力，可享受免交保费的待遇，原有保险单上所有的保障内容均不受影响。

- 投资功能。

投资连结保险除了提供风险保障，还具有很强的投资功能。但是，投资连结保险的投资收益率是不固定的，未来投资收益具有很大的不确定性，保险单现金价值将根据保险公司实际投资收益情况确定。

一方面，当保险公司投资收益较好时，投保人的资金也将获得较高的投资收益。反之，保险公司投资收益不好时，投保人将承担一定的投资风险。

另一方面，正是由于投资连结保险取消了保险单固定利率，所以保险公司可以制定更积极的投资策略，通过对投资资金的有效运用，使投资资金发挥更大的效率。这样，投保人就有可能获得比采用固定利率的传统人寿保险更好的投资收益。

4. 投资连结保险的运作方式

投资连结保险都会开设几个风险程度不同的投资账户供投保人选择。通常的投资连结保险根据不同的投资策略和风险程度开设有四个账户：股票账户、基金账户、债券账户、货币账户。投保人可以自行选择保险费在各个投资账户的分配比例。

- 股票账户。股票账户中的资金主要被用于投资公开上市的股票。股票账户类似于股票型基金。
- 基金账户。基金账户的资金主要被用于投资各种证券投资基金。基金账户实际上是基金中的基金（FOF）。
- 债券账户。债券账户的资金主要被用于投资国债、金融债和企业债。债券账户类似于债券基金。
- 货币账户。货币账户类似于货币市场基金，其资金主要被用于投资短期债权、央行票据、大额存单等。

此外，投保人还可以根据自身情况，部分领取投资账户的现金价值，从而增加保险的灵活性。

5. 投资连结保险的优点和缺点

- 对保险公司来说，投资连结保险的优点如下：

1 分散风险，保证偿付能力的稳定性。

2 可完全解决传统人寿保险产品资产与负债不匹配的问题。

3 拓宽服务领域，促进业务增长。

· 对保险公司来说，投资连结保险的缺点如下：

1 利差收益均回馈给保险客户，影响本身利润的增长。

2 人力成本增加，包括培训费用增加和投资人才的引进成本增加。

· 对投保人来说，投资连结保险的优越性体现在：

1 保险公司依靠资金实力和专业投资团队进行投资，会比个人投资来得更加稳健。个人所缴纳保费的投资收益在扣除一定费用后完全归自己所有，如果保险公司投资收益好，投保人将获得比普通的人寿保险更多的收益。

2 保险公司经营风险的释放，本身就是对投保人保障程度的提高。

· 对投保人来说，投资连结保险的缺点体现在：

1 与普通人寿保险相比，利息不固定，有可能没有任何收益，甚至会亏损。

2 保险公司有可能会扣减收益，支付的收益不是应得的收益，因为投保人无法准确了解保险公司的投资收益状况。

6. 投资连结保险的适宜人群

投资连结保险是一种将人寿保险与投资基金相结合的产品，具有高收益、高风险的特点。投资连结保险本质上就是保险公司推出的证券投资基金。

- 如果你的家庭收入低，固定支出占家庭收入的比重大，你应该选择有固定利率的普通人寿保险产品。因为每一分钱，对于低收入的投保人来说都很重要，没有必要冒风险。如果你不顾自己的经济能力投保了投资连结保险，你有可能没有任何收益甚至会亏损。同时，投资连结保险条款一般规定，投保后一定期限内不能退保，即本金无法及时收回，对于收入低、固定支出多的家庭来说，这会带来很大的不便。

· 如果你的家庭收入高，固定支出占家庭收入的比重小，你平时又不善于投资，那么你可以选择投资连结保险。因为投资连结保险可以和保险公司的投资收益挂钩，保险公司拥有专业的投资团队，资金实力雄厚，投资管理比较稳健。投保人购买投资连结保险会比自己独立投资获得更为理想的收益。当然，选择投资团队素质高、过往投资业绩好、财务状况稳定的保险公司，是投保人在投保前必须做的功课。

第七节

明确自己购买保险的目的

你买保险一定是有目的的，不可能是为了买保险而买保险。所以，在买保险之前，一定要明确自己的目的。下面我列举几个买保险的目的，看看你是不是有类似的目的。

一、防止因自己意外死亡
给家庭生活造成重大影响

如果你有上述目的，那么大额的意外伤害保险附加意外医疗保险很适合。意外伤害保险是杠杆率最高的保险，也就是说，你花小钱能买到高保障。100万元保额的意外伤害保险只需要每年缴纳1 000多元的保险费（在被保险人从事非特殊职业的情况下）。你每年花 5 000 元左右，就能买到 300 万 ~ 400 万元保额的意外伤害保险。你如果因意外伤害事故死亡，就能为家人留下 300 万 ~ 400 万元的保险金，这会让你的家人在你死亡后继续过平稳的生活。意外医疗保险可以让你在受到意外伤害后获得更好的医疗保障。

二、防止自己死亡后给家人留下高额债务，使家人陷入财务困境

如果你有 200 万元的房贷和 100 万元其他债务，你可以给自己买保额为 400 万元（留出点儿富余）的定期寿险。定期寿险是人寿保险中最便宜的保险，无论你在保险期限内因意外伤害死亡或因病死亡，你的家人都可以得到 400 万元的保险金，他们可以用得到的保险金偿清债务，从而避免陷入财务困境。当然，如果你有足够的财力，也可以给自己买保额更高的定期寿险，让家人在自己死亡后能生活得更宽裕。定期寿险虽然是人寿保险中最便宜的保险，但还是比意外伤害保险要贵很多，因为意外伤害保险不包括疾病死亡的保险

金给付。对此，你要考虑清楚。

三、防止自己因患重大疾病
给家庭带来资金困难

重大疾病都是要花大钱的疾病，而重大疾病保险赔付的保险金不但可以弥补你的疾病治疗花费，多出的保险金还可以补充一部分生活费用，使你在患病期间不但能获得更好的医疗条件和护理条件，也不用担心家庭生活水平下降过快。此外，保险公司推出的商业医疗保险保费便宜、保障高，也是不错的选择。

四、为自己储备养老金

如果你想为自己储备养老金，那么你可以为自己购买年金保险，年金保险不仅具有强制储蓄的作用，还具有生存保障的功能。所谓生存保障，就是你活多久，就能领多久的年金。理财型保险也具有储备养老金的功能。

五、为子女储备教育金

为子女储备教育金，你可以购买理财型保险。在选择保险产品前，你首先要明确自己有为子女储备教育金的需求，同时从几个角度具体考虑清楚你的需求，比如什么时候要用钱、可能用到多少钱、每年可以投入多少钱等等，再根据自己的需求情况，选择适合的理财型保险产品。

六、顺利传承财产

如果你购买保险是为了财产传承，那么终身寿险非常适合，它可以顺利地实现你的生前意愿，把这部分遗产转移到你指定的受益人手中。理财型保险具有财产传承的功能。

七、保全手中沉淀的资金

如果你手中有一大笔资金，在未来很长一段时间内没有明确的使用方向，你担心自己把握不好，因盲目投资而造成资金损失，那么你可以采用趸缴的方式为自己买一份大额理财型保险，使这笔资金得以保全。如果碰到朋友向你借钱，你可以冠冕堂皇地拒绝，因为退保有损失。

八、让自己开车无忧

为了让自己开车无忧，你应该为你的座驾购买全险，而且第三者责任险的保额最好买到 50 万~100 万元，这样即使出了交通事故，你基本也不用自己花钱，就能安心开车了。

九、让家庭财产安全

为了让自己住得安心，你最好购买家庭财产保险，这样即使发生了火灾、盗窃、水管爆裂等事故，保险公司也会给你赔偿的。

以上我列举了几种购买保险的目的，肯定不全面，仅供你在购买保险前做参考。当你明确了购买保险的目的后，你就可以根据自己的需求和财力去选择保险产品了。

第八节

购买保险的基本原则

我认为，购买保险产品应遵循以下原则。

一、选择保险公司

我们经常听到保险代理人讲，人寿保险公司是不会倒闭的，因此选择哪家保险公司都一样。这种说法是不对的。《中华人民共和国保险法》第八十九条规定：

经营有人寿保险业务的保险公司，除因分立、合并或者被依法撤销外，不得解散。

《中华人民共和国保险法》第九十二条规定：

经营有人寿保险业务的保险公司被依法撤销或者被依法宣告破产的，其持有的人寿保险合同及责任准备金，必须转让给其他经营有人寿保险业务的保险公司；不能同其他保险公司达成转让协议的，由国务院保险监督管理机构指定经营有人寿保险业务的保险公司接受转让。

转让或者由国务院保险监督管理机构指定接受转让前款规定的人寿保险合同及责任准备金的，应当维护被保险人、收益人的合法权益。

我们从以上规定可以看出：第一，人寿保险公司是可以破产的；第二，人寿保险公司破产后的保险合同及责任准备金虽然会被其他人寿保险公司接收，但是并没有规定被保险人和受益人的权益一定不受到损失（维护合法权益不代表不受损失）。我认为，在人寿保险公司破产后，保单被其他公司接收，被保险人或受益人的权益受到损失是有可能的，比如保额减少、分红减少等等。

在遵循现有的法律规定的情况下，我认为投保人在选择保险公司时，应该尽可能选择大型保险公司和具有强大股东背景的中型保险公司，尽量回避小型保险公司，因为小型保险公司倒闭的可能性远高于大、中型保险公司。选择大型保险公司会给你带来心理安全感，让你觉得踏实。下面我们简单介绍一下国内的大、中型人寿保险公司。

1 中国人寿保险股份有限公司

2 中国平安人寿保险股份有限公司

3 中国太平洋人寿保险股份有限公司

4 中国人民人寿保险股份有限公司

5 泰康人寿保险有限公司

6 新华人寿保险股份有限公司

7 太平人寿保险有限公司。

8 华夏人寿保险股份有限公司

9 富德生命人寿保险股份有限公司

10 阳光人寿保险股份有限公司

11 友邦人寿保险有限公司

　　此外，在外资保险公司中，中信保诚人寿保险公司、中美大都会人寿保险公司、中英人寿保险公司、中宏人寿保险公司、中意人寿保险公司都是不错的人寿保险公司。

　　大型商业银行控股的人寿保险公司由于有强大的股东背景，也是不错的选择，比如工银安盛人寿保险有限公司、建信人寿保险有限公司、农银人寿保险有限公司、交银康联人寿保险有限公司、招商信诺人寿保险有限公司等等。

　　我上面提到的保险公司只是一个参考，让你缩小选择范围，并不代表其他保险公司的产品就不能买，因为最终的选择权属于你自己。

二、选择产品

　　各大保险公司提供的产品种类都是很全面的，没有太大差别。但是具体到某一种产品，就可能存在差异了，比如，同样类型的产品保障范围不同，同样保障范围的产品价格有可能不同，有的便宜<u>些</u>，有的就贵<u>些</u>。这就需要你货比三家。大公司的产品通常会贵一些，因为大公司有品牌优势、服务网络优势等等。而中小公司为了抢占市场，同类产品通常会比大公司更便宜。你要图心里踏实，就买大公司的产品。你如果只在意产品的性价比，就可以买中小公司的产品。这完全看你自己的选择，我不做推荐。

三、选择保险代理人

投保人主要通过保险代理人来购买保险产品。保险代理人为保险公司招揽业务，他们的佣金由保险公司支付，因此投保人不必担心保险代理人会给自己增加额外的费用。投保人首先要正确认识保险代理人的作用，其次是选择合适的保险代理人。

1. 保险代理人的作用

- 对投保人进行死亡教育，让投保人正确面对死亡问题。
- 说服投保人直面与死亡有关的财务问题。

- 帮助投保人识别和评估风险，启发保险需求。

- 根据投保人的财务状况和理财目标制订保险计划。

- 说服投保人购买相应的保险产品。

- 与投保人保持长期联系，提供售后服务，包括协助缴纳保费和理赔。

2. 选择保险代理人的几个原则

- 合法的代理资格。保险代理人要持有保监会颁发的保险代理人资格证书。

- 对保险知识的深刻理解。保险代理人应该能够把复杂的保险产品知识通俗易懂地讲解给你听，并根据你的保险需求为你设计合理的保险规划。保险代理人如果自己都讲不清楚产品特点，你就别找他买保险了。

- 诚信。投保人对保险产品的理解大都没有保险代理人深刻，保险代理人如果不能如实告知相关信息，投保人的利益就很难得到保障。在购买保险产品的过程中，你要特别注意保险代理人对免责条款和理赔规定的解释，以此来判断保险代理人的诚信。

- 口碑。保险代理人如果有良好的口碑，你就可以增强对他的信任。

- 敬业精神。有敬业精神的保险代理人会为你提供长期、周到的服务，比如定期回访、帮你做保险单年检、推荐新的保险产品、协助理赔等等。

第九节

购买保险过程中可能遇到的问题及对策

一、投保

投保是购买保险的第一步，填写投保单时要注意以下问题。

- 要如实填写。如果在填写投保单时，你故意隐瞒有关事实，比如健康状况、过往病史、家族病史、生活习惯、工作性质等，你未来可能面临保险公司的拒赔。

- 受益人要明确，不要写法定。如果你填写的受益人是

　　"法定"，那么保险事故发生后，"法定"的受益人要提供一系列证明材料才能获得保险公司赔付的保险金，手续烦琐。如果你指定两个或两个以上的受益人，应该写明受益顺序和各自的受益份额，这样可以避免今后的麻烦。

- 保险金额的选择要根据自己的需求和财力。不要不顾自己的财力选择不切合实际的"高保额"。保险代理人当然希望你选择更高的保额，高保额意味着更高的保费，保险代理人的佣金也会水涨船高。你的支付能力只有你自己最清楚，保险代理人是不知道的，不要为了面子盲目选择高保额。

- 保费的支付方式也要慎重考虑。人寿保险的保费缴纳是一个长期过程，你要对自己的保费支付能力有一个长期的考虑，要留有余地，避免未来收入下降而使自己陷入无力支付保费的困境。

- 如果你投保的是高保额的重大疾病保险，那么你还要通过保险公司认可的医院的体检。

- 如果你投保的是高保额的以死亡为给付保险金条件的人

身保险，那么你还要通过保险公司的有关调查，调查包括你的收入、财产、生存状况等等。

二、首期保费的缴纳

你要知道一点，在你填写完投保单的当天或第二天，保险公司就会从你的银行账户中将首期保费划走，而此时你的保险合同可能还未生效。对此你不必大惊小怪，保险公司大都是这么做的。如果在划账后，你的投保单核保未获通过，保险公司会把划走的保费退还给你。

三、保险代理人的佣金

保险代理人的佣金是保险公司支付给保险代理人的，不用你额外支付。当然，保险代理人的佣金是从你缴纳的保费中提取的。在通常情况下，保险代理人会从你前三年或前五年缴纳的保费中提取佣金，第一年最多，以后逐年减少。对此，你不要觉得心里不平衡，因为这是保险代理人的劳动所得，是保险代理人的合法收入。社会上有些人在购买保险后会要求保险代理人返还佣金，这是非常不对的。保险代理人没有工资收入，他们的全部收入来源就是佣金，保险代理人如果将佣金返还给你，就没有了生活来源。你想一想，一个失去生活来源的保险代理人如何能为你提供优质的服务？你换位思考一下，如果你在一家公司工作了一个月，发了工资后，老板要求你返还工资，你会同意吗？

四、犹豫期

你收到保险单后，会签署一张确认函，确认你收到的保险合同没有问题。签署确认函后10日内是犹豫期，你在犹豫期内退保，保险公司会全额退还你缴纳的首期保险费，你没有任何损失。

五、退保

如果你在犹豫期后退保，那么你肯定会遭受损失，而且损失的程度很可能超出你的想象。如果你购买的是长期缴费的分红保险，第一年退保，那么你可能只能拿回当时的保险单现金价值，大概是保费的30%左右（如果是万能险，保险公司也会扣除60%左右的初始费用）。如果你在前三年退保，你会损失已缴纳保费的50%左右。我给出的是大概比例，具体的比例会因你购买的险种不同而不同，但是你都会遭受比较严重的损失。我们前面讲的保险的强制储蓄作用，就是说保险的退出成本高，它让你不敢轻易退保，而你通过长期、连续缴纳保费，实际上是为自己在获得保障的同时积累一笔财富。这一点有些类似于房贷，你一旦贷款买了房，就绝对不敢轻易断供，因为银行会将你列入"不良信用客户名单"，以后你就很难从银行获得贷款了。还有，你的房产是抵押在银行手里的，如果你长期不还款，银行会处置你的房产。面对高昂的断供成本，你必须按期偿还银行的房贷，而按期偿还房贷的结果是，还款结束后，你拥有了一套属于自己的房产。从某种意义上讲，房贷也是一种强制储蓄，甚至比保险的强制储蓄性还要强，因为房贷的退出成本更高。

　　记住，购买了保险，你一定不要轻易退保，因为退保损失很大，这一点你在购买保险前一定要想清楚。切记！

六、保险合同变更

如果在保险合同期间，你想变更受益人或其他内容，你可以找保险代理人或者直接到营业厅，提出书面申请。保险公司同意变更后，会签发一张批单给你，你一定要把批单和保险合同放在一起，因为批单是保险合同不可分割的组成部分。

七、保险单贷款

如果你购买的是具有储蓄性质的长期人寿保险，如生死两全保险、终身寿险、年金保险、理财型保险等等，那么你可以用保险单进行贷款。

- 投保人用保险单贷款，要经被保险人书面同意。
- 保险单贷款的额度一般是保险单现金价值的80%左右。

- 保险单贷款的利率通常比同期银行贷款利率低。

- 保险单贷款期间内，保险单依然有效。

- 你还款时可以选择一次性偿还或部分偿还。

如果贷款期限届满，你未能偿清贷款本息，你所欠的贷款本息将构成新的保险单贷款。

如果你部分偿还贷款，还款额将首先用于偿还利息，然后用于偿还本金。

如果你不能到期偿清本息，那么当贷款本息小于保险单现金价值的一定比例时，保险合同终止。

记住，不到万不得已，不要用保险单贷款。如果用保险单贷款，千万不要用这笔钱做风险性投资，比如投资股票。

八、在缴费期间，缴不起保费怎么办

如果你购买保险时选择的是分期缴纳保费的方式，那么你要按期如数缴纳续期保费，从而保证保险单的有效性。万一你遇到资金困难，缴纳不起保费，有以下几种方法供你参考。

- 利用宽限期缓交。保费缴纳通常有60天的宽限期，你可以用这段时间作为缓冲，筹措资金缴纳保费。

- 用现金价值垫缴。有些保险单具有自动垫缴保费的条款，你在投保时可以选择这项功能。只要你的保险单现金价值大于应缴保费的数额，就可以用现金价值自动垫缴保费。

- 保险单贷款缴纳。你可以利用保险单向保险公司贷款缴纳保费。

- 办理减额缴清。你可以用保险单现金价值作为保费，一次性缴清购买对应的全额的保障，这样你购买的原险种和保险期限不变，只是保险金额会相应减少。

- 减少保额。减少保额就是部分退保，这样可以降低保险金额，相应地减少应缴纳的保费。

- 利用中止与复效。你可以申请保险单效力中止，但是如果在此期间发生保险事故，保险公司将不承担给付保险金的责任。你在保险单中止后两年内，仍然可以向保险公司申请保险单复效，重新获得保险的保障。

- 全额退保。你可以全额退保，这样做你不但要承担资金损失，还会失去保险的保障。

九、索赔

在保险合同有效期间，如果你发生了保险事故，你一定要在第一时间报案，报案可以直接拨打保险公司的客户服务电话或者找你的保险代理人，你要问清楚你都需要准备哪些证明材料。在证明材料准备齐全后，尽快到保险公司（或者通过保险代理人）索赔。

十、"孤儿保单"

如果在保险合同有效期间，你的保险代理人离职了，你的保险单就成了"孤儿保单"。如果你遇到这种情况，可以拨打保险公司的客服电话，询问一下情况。在通常情况下，保险公司会及时为你指派新的保险代理人，你没必要担心，这丝毫不影响保险单的效力。

相信你看完本章，对保险在家庭理财中的重要地位、各种保险产品的作用和如何购买保险产品都有了清楚的认识，一定会大有收获。保险是家庭理财的必需品，是家庭财富的保护伞，是你一定要买的理财产品。衷心希望拥有保险的你能过上更加安心和幸福的生活。

第五章

股票中的
经济学

公司通过在资本市场上发行股票，将风险性资产的所有权分散到众多的所有者身上，公司据此可以筹集大规模资金进行投资，而这样的投资和风险，对于单个所有者来说也是可以接受的。股票所有者在承担投资风险的同时，也得以分享经济增长的成果。

股票是人类社会的重大发明，它对人类社会的经济发展起到了巨大的推动作用。

股票的概念和特点

　　股票是一种有价证券，是上市公司在筹集资金时向出资人公开发行的证明其所持股份的凭证。股票是代表持有人（即股东）对上市公司净收入和净资产的权益要求权的一种金融资产。股票一经发行，持有人就成为上市公司的股东，有权参与公司的决策，分享公司的收益，同时也要分担公司的责任和经营风险。股票一经认购，持有人不能以任何理由退还股本，只能通过证券市场将股票转让和出售。

　　股票是一种最重要的金融资产，是公认的最大众化的、最佳的长期投资工具。但是，对于99%的投资人来说，股票就是一种博弈工具，说得通俗一点儿，就是赌博工具。所以，人们把股票投资称为"炒股"。炒股不仅受经济波动的影响，还会受到投资人心理因素的影响，所以炒股更多地属于行为经济学的范畴。

股票投资的收益存在很大的不确定性，投资人有可能所获颇丰，也有可能亏损巨大。最重要的一点是，世界上没有一个人能准确预测股票价格的涨跌。

第二节

股票的收益和风险

一、股票的收益

股票的收益有两个来源：股利收入和资本利得。股利收入就是我们常说的"分红"，它由发行股票的公司定期向购买股票的股东支付。资本利得就是买卖价差，即股票持有人在证券市场中买卖股票所取得的收益，这个收益可能是正值，也可能是负值。计算股票的投资收益率，需要综合考虑股利收入和资本利得两个因素。通常，投资收益率用下列公式计算：

$$R = [D + (P1 - P0)] / P0$$

其中，D为公司支付的股利，P1 为股票的卖出价格，P0 为股票的买入价格，R为股票的收益率。

二、股票的风险

股票面临的风险包括系统风险和非系统风险。所谓系统风险，就是"大盘"的风险，比如，国家实施宏观调控政策会引发大盘的整体下跌，这时几乎所有的股票都难以幸免。还有，如果大盘处于跌势，那么绝大多数股票都会随大盘下跌，有些股票今天可能不跌，但明天就会大幅补跌。系统风险是每只股票都面临的风险，是不能规避的风险。

所谓非系统风险，就是个股风险，比如，某个上市公司突发丑闻，该上市公司的股票可能会大幅下跌。再有，国家出台针对某一行业的调控措施，引起该行业上市公司股票的集体下跌。非系统风险可以通过组合投资的方式加以控制，有关研究表明，如果投资组合包含 20 只不同行业的股票，那么基本上可以规避非系统风险。

股票的估值

给股票估值，就是你要"估摸着值"。股票的估值方法有两种：一种是股利贴现法，另一种是相对估值法。股利贴现法较为复杂，不适合个人投资者使用。这里我们主要介绍简单实用的相对估值法。相对估值法通过比较同类公司的价值来决定一家公司的价值。相对估值法主要包括市盈率法和市净率法。

一、市盈率法

市盈率（P/E）是每股股价（price）和每股收益（earning）

的比率。

市盈率可以分为动态市盈率和静态市盈率。动态市盈率是指还没有真正实现的预测利润的市盈率。比如某只股票的价格是 20 元，如果预计该只股票今年每股收益是 2 元，那么该只股票的动态市盈率就是 10 倍。静态市盈率是指已经实现的已知利润的市盈率。比如某只股票的价格是 20 元，去年每股收益是 1 元，该只股票的静态市盈率就是 20 倍。一般我们说的市盈率是指静态市盈率。

市盈率还可以分为大盘市盈率和行业市盈率。大盘市盈率是指整个市场所有股票的平均市盈率，代表市场整体的估值水平。行业市盈率是指某一行业所有股票的平均市盈率，代表该行业的整体估值水平。

市盈率法是最常用的一种对股票估值的方法，股票的价格等于预计的每股收益乘以市盈率的预测值。

预测公司未来的收益是股票估值的一个难点，根据公司目前的收益，你最多只能依据经验猜测一下股票的价格是否合理，可你无法准确知道公司未来收益的变动情况。然而，这并不等于你对预测公司未来的收益无从下手。你可以从公司披露的信息中找到该公司为增加收益所制订的计划，你还可以从该公司季报、半年报、年报中查看计划的执行情况。

一家公司增加收益的方法主要有以下 8 种：削减成本，提高价格，开拓新市场，在原有的市场上出售更多产品，收购赚钱的业务，重组或清理赔钱的业务，原始投资大幅增值，股票投资增加收入。每年都会有很多专家对上市公司的业绩进行预测，他们可能比你掌握更多的信息，即使这样，他们的预测也难以准确，失误率还是很高，因此你不能轻信，只能参考。预测公司未来收益，最简单的做法是当期收益乘以一个增长率，比如，公司去年每股收益是 1 元，公司过去三年每股收益的平均增长率是 20%，那么预计今年每股收益是 1.2 元。

下面，我们来预测一下市盈率。首先要找到公司所在行业（所谓行业就是从事同类业务的公司的统称）的平均市盈率，在此基础上，考虑该公司的具体特点，比如，该公司在行业中的地位、盈利能力、管理水平等因素，如果高于行业平均水平，就应该给予该公司高于行业水平的市盈率。反之，就给予该公司低于行业水平的市盈率。

我们有了未来收益和市盈率的预测值，把二者相乘就得到了预计的股票价格。最后要提醒大家一点，同样一只股票在牛市和熊市可能会有完全不同的估值，因为股票市场就不是一个理性的市场。

二、市净率法

市净率（P/B）是每股股价（price）和每股账面价值（bookvalue）的比率。我们在给银行股和券商股估值时常用这种方法，对银行股来讲，通常 1 倍到 2 倍的市净率是比较合理的，券商股 1.5 倍到 2.5 倍市净率是比较合理的。市净率法的使用率没有市盈率法高。

除了上述两种方法，还有其他的相对估值法，比如息税前利润倍数法等，但是对于个人投资者来说，这种估值方法基本没什么用，这里就不详细介绍了。

股票投资的本质

股票投资的本质就是博弈，关于这个问题，新浪博客上有一个卖烧饼的故事，用来描述股市很有意思。来看看这个故事能不能解答你有关股票投资的疑问。

假设一个市场，有且只有两个人在卖烧饼，姑且称他们为烧饼甲、烧饼乙。

假设他们的烧饼价格没有物价局监管。

假设他们每个烧饼卖1元钱就可以保本（包括他们的劳动力价值）。

假设他们的烧饼数量一样多。

（建立经济模型都这样的，需要有很多假设。）

再假设他们生意很不好，一个买烧饼的人都没有。这样他们很无聊地站了半天。

烧饼甲说好无聊。

烧饼乙说好无聊。

看故事的你们说好无聊。

这个时候的市场被称为很不活跃的市场！

为了让大家不无聊，烧饼甲对烧饼乙说："要不我们玩儿个游戏？"烧饼乙赞成。

于是，故事开始了……

甲花1元钱买乙一个烧饼，乙也花1元钱买甲一个烧饼，现金交付。

甲再花2元钱买乙一个烧饼，乙也花2元钱买甲一个烧饼，现金交付。

甲再花3元钱买乙一个烧饼，乙也花3元钱买甲一个烧饼，现金交付。

于是在整个市场的人（包括看故事的你）看来，烧饼的价格飞涨，不一会儿就涨到每个烧饼60元。但只要这两个人手上的烧饼数一样，就谁都没有赚钱，谁也没有亏钱，但是被他们重估以后的资产"增值"了！烧饼甲和烧饼乙拥有高出过去很多倍的"财富"，他们的身家提高了很多，即"市值"增加了很多。

有个路人丙，一个小时前路过的时候知道烧饼是 1 元一个，现在发现是 60 元一个，他很惊讶。

又一个小时以后，路人丙发现烧饼已经是 100 元一个了，他更惊讶了。

再一个小时以后，路人丙发现烧饼已经是 120 元一个了。他毫不犹豫地买了一个，因为他是个投资兼投机家。他确信烧饼的价格还会涨，还有上升空间，而且有人给出了超过 200 元的目标价。（在股票市场，路人丙叫股民，给出目标价的人叫研究员。）

在烧饼甲、烧饼乙"赚钱"的示范效应下，甚至在路人丙赚钱的示范效应下，接下来买烧饼的路人越来越多，参与买卖的人也越来越多，烧饼价格节节攀升，所有人都非常高兴，因为很奇怪，所有人都没有亏钱。

这个时候，你可以想见，烧饼甲和烧饼乙谁手上的烧饼少，即谁的资产少，谁就真正赚钱了。参与购买的人，谁手上没烧饼了，谁就真正赚钱了！但是卖出烧饼的人都很后悔——因为烧饼的价格还在飞快地涨。

那谁亏了钱呢？

答案是，谁也没有亏钱，因为很多出高价购买烧饼的人手上持有大家公认的优质等值资产——烧饼！而烧饼显然比现金好！现金存银行能有多少利息啊？哪比得上价格飞涨的烧饼啊？大家甚至一致认为，市场上的烧饼将会供不应求，那是不是可以买烧饼期货啊？于是出现了认购权证。

有人问了："买烧饼永远不会亏钱吗？"看样子是的。但这个世界就那么奇怪，突然，市场上来了一个叫李子的，李子曰："有亏钱的时候！"那哪一天大家会亏钱呢？

假设一：市场上来了个物价部门的工作人员，他认为烧饼的定价应该是每个1元。（监管。）

假设二：市场出现了很多做烧饼的，而且价格就是每个1元。（同样题材。）

假设三：市场出现了很多可供人们玩儿这种游戏的商品。（发行。）

假设四：大家突然发现这不过是个烧饼！（价值发现。）

假设五：没有人再愿意玩儿互相买卖的游戏了！（真相大白。）

如果有一天，任何一个假设出现了，那么这一天，手上还有烧饼的人就亏钱了！那谁赚了钱？就是最少占有资产——烧饼的人！

这个卖烧饼的故事非常简单，人人都觉得高价买烧饼的人是傻瓜，但是，我们回过头看看我们所在的股票市场中的人们吧。这个市场的有些所谓的资产重估、资产注入何尝不是这样？在净资产收益率高的企业，资产有高溢价下的资产注入，这和卖烧饼的原理其实一样，谁最少地占有资产，谁就是赚钱的人，谁就是获得高收益的人！

所以，作为一个投资人，我们要理性地看待资产重估和资产注入，不要忽悠自己，尤其不要忽悠自己的钱！

对在高净资产收益率下的资产注入，尤其是券商借壳上市、增发购买大股东的资产，以及增发类的房地产等等，我们一定要把眼睛擦亮再擦亮，慎重再慎重！

因为，你很可能成为一个持有高价烧饼的路人！

从这个故事中，我们有以下几点发现：

1 烧饼的价格是由庄家和投资人的情绪决定的。

2 最终多数人赔钱，少数人赚钱。

3 卖烧饼的游戏是零和博弈。

4 每个人都想在这个市场里赚快钱。

我们再回头看看股票市场，会发现股票市场跟"烧饼市场"几乎一模一样：第一，股票的价格由庄家和投资人的情绪决定；第二，投资股票10个人，只有1个人赚钱，9个人赔钱；第三，股市也是个零和博弈的市场（上市公司的分红除了被大股东拿走，分给散户的部分都被用来交证券公司的手续费和印花税了）；第四，每个进股市的投资人都想赚快钱。

综上所述，投资股票就是"买卖烧饼"，就是博弈。记住，股票的价格=现金流的价格+品牌的价格+情绪的价格。

在金融市场中，股票的价格受很多因素影响，主要表现为受上市公司的盈利水平、金融市场的流动性状况、金融市场的利率水平、投资人的预期这几种因素影响。

上市公司的盈利能力提升，会对股价起到提振作用，反之则会抑制股价。

金融市场的流动性宽松，就会有源源不断的资金流入股票市场，推动股价上涨。

金融市场的利率水平降低，就会提高投资人的风险偏好，引导资金进入股市，推动股价上涨。

股价很大程度上靠投资人的预期推动，如果投资人对市场的预期好，股价就会上涨，如果投资人对市场的预期差，股价就会下降。

第五节

股市中的永恒法则

一、高抛低吸法则

投资人进入股票市场都是为了赚钱。赚钱的主要方法是贱买贵卖，也就是高抛低吸。但是绝大多数投资人在实际操作中的做法恰恰相反，他们都是在做高吸低抛。由此，我们就明白了为什么 10 个人投资股票只有 1 个人赚钱，其余 9 个人赔钱。

二、市场认同法则

你可能买到一只好股票，公司盈利很好，市盈率也很低，但是股价就是不涨，这时你会发现分析机构给出的评价报告也很负面。但是过了很长时间之后，这只股票开始大幅上涨，伴随着股价的上涨，那些过去给出负面评价报告的分析机构纷纷转向正面评价，而且股价越涨，正面的评价报告越多。这一现象说明了股市的一个重要法则：市场认同法则。这一法则告诉投资人，你买入的股票价格上涨的前提是它要得到市场的认同，在市场不认同的时候，你买入的股票可能长期低迷，但这并不是说你买入的决策是错误的，它只是暂时没有得到市场认同。这一法则给很多有眼光、有耐心的投资人提供了长期的获利机会。

三、信息不对称法则

　　虽然证券监管部门对上市公司的信息披露有严格的规定，但是股票市场里的信息在很多情况下是不对称的，因为你不可能比上市公司的总经理、财务总监、董事长的小姨子更早知道影响股票价格的重大信息。内幕交易虽然是法律严格禁止的，但是永远杜绝不了，根本缘因是利益驱动。

四、股票无好坏法则

　　有些投资人习惯把某些盈利能力强的公司股票称为好股票，把某些盈利能力差的公司股票称为坏股票，这是不对的。任何一只股票都可能给你带来利润，也可能让你亏损。如果一家盈利能力强的公司股票价格上涨到很高的位置，它同样会给你带来巨大的损失。如果一家盈利能力差的公司股票价格下跌到很低的位置，它同样能给你带来很大的收益。投资人千万不要根据个人的偏好进行股票分类，对所有的股票都应该一视同仁。

五、收益不可预知法则

　　很多机构和分析师每年都会对上市公司的业绩进行预测，但准确度并不高。由于受到多种因素的影响，上市公司的业绩在不断变化，因此不能简单地拿上市公司半年的业绩乘以 2，当作公司全年的业绩。市场对认同的股票业绩会有较高的预期，这些股票是当前的热门股，热门股的市盈率通常较高。对不被看好的股票，市场预期会较低，这些股票属于冷门股，冷门股的市盈率通常较低。对于高市盈率的股票，如果实际收益只是略高于预期，股价很难再往上涨，因为市场心理预测的收益远高于预期。如果实际收益与预期相同，甚至低于预期，那么股价会下跌，因为市场会极度失望。另一方面，对于低市盈率的股票，实际收益如果与预期相同，甚至高于预期，那么股价涨幅一般会高于大盘，因为市场心理预测收益不会这么高。如果实际收益低于预期，股价也很难再跌，因为市场已经预测收益不好。这个法则告诉你，买入什么样的股票更安全可靠。

六、投机法则

进入股票市场的人即使不是全部，也有99%是来投机的。投机具有三个特性：一是你想快速赚钱；二是你采用杠杆交易；三是你把全部的钱都押在一只股票上。如果你具备上述三个特性之一，你就是在投机。既然是来投机的，你就要做好赔钱的心理准备，而且要知道，在股票市场里赔钱是很快的，你最好拿输得起的钱来投机，不要赔了老本。

七、听消息赔钱法则

股票市场是消息满天飞的地方，几乎人人都有消息，人人都传播消息。很多投资人四处打探消息，并以此作为投资决策的依据，但是结果几乎都是赔钱。往往消息来源越"可靠"，赔的钱越多，原因很简单：投资人敢于重仓买入。有的庄家就是靠向有钱人散布"绝密消息"来完成出货的。

八、市场不可预测法则

没有人能准确预测股票市场的涨跌和点位。虽然很多机构和个人每天都在乐此不疲地做这件事，但是这是他们工作的一部分，仅此而已。能准确预测市场的只有三种人：天才、疯子和骗子。

九、荣枯相生法则

繁荣和枯萎总是相伴而生。没有永远上涨的股市，也没有永远下跌的股市。涨多了就会跌，跌多了就会涨，这是永恒不变的真理。

十、低价出黑马法则

每年，股市里涨幅最大的股票大都出自低价股。这些股票平日不被市场关注，庄家便于收集筹码。筹码收集完成后，再配合不断的利好消息，股票自然会大幅上涨。因此，投资人平日不妨花点儿时间关注那些低价冷门股。

十一、买了跌卖了涨法则

每个投资人都有过这样的经历：本来一直上涨的股票，自己一旦买入，就开始跌了；而自己持有的股票一旦被卖出，就会立刻大幅上涨。市场好像成心在跟你作对。针对这一现象，市场总结出一句名言：买不看跌，卖不看涨。

十二、钱不进急门法则

在股票市场里，往往越是着急赚钱的人越是会赔钱。原因很简单：着急赚钱的人心态一定不好，心态不好的人一定做不到理性投资。如果你想拿娶老婆的钱或公款在股市里快速捞一把，那么等待你的很可能是继续单身或是牢狱之灾。

十三、先甜后苦法则

新的投资人大都在牛市开始时进入市场，因此他们往往都会先尝到赚钱的滋味，赚钱让他们的胆子变大了，他们不断地追加投资，期望赚到更多的钱。但是好景不长，随着股票的下跌，他们很快就会把赚到的钱"吐"出去，随后开始亏损本金。当意识到股市里的钱很难赚时，他们已经无法逃离这片苦海了。

十四、人股一体法则

很多投资人对自己买入的股票都有"感情"，这种"感情"随着持有时间的延长在不断加深，他们会把很多美好的事情同自己的股票结合起来，把股票当恋人，从而影响了对股票客观、理性的判断。我有一条经验：从不对别人持有的股票品头论足。如果你说人家买的股票不好，人家会认为你在说他的智商有问题，人家会找出很多理由来反驳你，以此证明他的选择是正确的，此时他和他的股票是一体的。这一点，投资人应该引以为戒。

十五、炒股成瘾法则

投资股票的人很容易上瘾，每天到点就要看盘，欲罢不能，这点跟抽烟有点儿相似。

十六、大鱼吃小鱼法则

在股市里，实力雄厚的机构投资者无论在资金、信息渠道、市场研究、投资经验等方面均优于中小投资者，中小投资者往往是机构投资者"鱼肉"的对象。股市中的小投资者，就是散户，通常被称为"韭菜"。

理解和掌握上述十六个股市法则，有助于投资人对股票投资有一个清醒的认识，有利于投资人进行理性投资。

第六节

投资人必经的三个阶段

一个投资人从进入股市到成为一名成熟的投资人（是指能够在股市中长期赚钱），一般要经过 10 年的历练，没有人能够一步登天。这 10 年大致可以分为三个阶段。

一、道听途说

投资人在初入股票市场时，对市场情况基本上一无所知，两眼一抹黑，对股票没有任何研究，投资决策完全依靠消息，消息的来源包括各种股评和朋友的推荐。这一阶段投资人的主要表现是赚钱心切，没有主见，没有风险意识，为了暴富不惜冒一切风险，通常是满仓一只股票，追涨杀跌。这一阶段需要1年左右的时间，投资人在这一阶段依据道听途说买卖股票，往往会遭受很大的损失。

二、自以为是

投资人吸取了第一阶段的教训，发誓要自力更生。投资人开始发奋学习关于股票投资的知识，购买大量书籍，参加各种培训，不断丰富自己的头脑。随着知识在实战中的应用，投资人在操作上越来越得心应手，屡屡获胜，有时甚至可以买在最低点，卖在最高点。每一次操作成功，都会给投资人带来极大的成就感和满足感。随着时间的推移和成功次数的增加，投资人对自己的能力深信不疑，自信心开始极度膨胀，虽然嘴上不说，但其内心常常以"股神"自居，觉得自己可以"笑傲股林"。这一阶段投资人的主要表现为频繁操作、满仓操作（决不允许账户上留有现金，觉得空仓一日就是损失，心中会觉得忐忑不安）。在心态上表现为非常浮躁和脆弱，买了大涨的股票就到处炫耀，得意非凡；买了大跌的股票就懊恼、沮丧，怨天尤人。股票已经成为投资人生命中最重要的组成部分，他们每天必须看盘，逢人就谈股票，股市一天不开盘就像丢了魂儿一样，投资人就像抽上了鸦片烟，欲罢不能。这一阶段的投资人脑袋里只有"赚钱"两个字，风险概念很淡薄，在业绩表现上要么大赚大赔，要么小赚大赔，这一阶段需要 6 年左右的时间。由于盲目自信、自以为是，又不知道如何控制风险，投资人在这一阶段通常会遭受惨重的损失。相当一部分投资人在遭受这一阶段的重创后，无力翻身，从此离开股票市场。另外一少部分投资人在遭受惨痛损失后，幡然醒悟，开始自我再造。

三、风险控制

投资人经过痛苦的历练之后，开始反思，终于认识到自己以前的水平很低，在投资上很不成熟，需要修炼。于是，投资人再次开始学习，而这次学习是系统性的，包括各种分析方法、投资组合管理、风险控制和投资心理学等等。投资人在心态上开始变得平和，情绪基本稳定，不再大喜大悲。

在操作上也不再急功近利、急于求成，而是追求一种长期有效的赚钱方法。最重要的一点是，投资人开始把风险控制放在第一位，不要赔钱成为投资的第一准则，股票投资基本采用组合的方式，满仓一只股票的情况基本不再出现。投资业绩表现为稳定赚钱，大赔的情况较难出现。这一阶段需要3年左右的时间。经历这一阶段的投资人可以说基本上成熟了。但是，要想在股市里待一辈子，投资人还要继续学习和修炼，永无止境。

股票投资中两个常见现象的经济学解释

一、套牢

套牢是投资股票的普遍现象，人人都被套牢过。下面我们来阐述一下套牢的经济学解释。投资人以每股10元的价格买入股票，股价跌到了8元，投资人大都会选择持有，希望等到解套时再卖出，这样自己原先的错误就得以一笔勾销，结果却越套越深。这种现象在行为经济学里叫"损失规避"。所谓"损失规避"，就是指投资人明明知道持有一项资产未来会付出高昂的代价，也不愿意兑现当下的损失。"损失规避"现象在股市里普遍存在，更多是投资人的心理因素导致的。

二、转赢为亏

投资人以每股 10 元的价格买入股票，股价涨到 15 元，投资人没有卖出，结果股价跌到 12 元，投资人大都选择不卖，甚至加仓，希望股价回升到 15 元再卖出，结果股价再也没有达到 15 元，投资人随后以低于 10 元的价格卖出股票，转赢为亏。这种现象在行为经济学里叫"拒绝悔恨"。所谓"拒绝悔恨"，是指投资人在价格为 15 元时没有卖出，而股价跌到 12 元，投资人已经非常悔恨自己的行为了，如果选择在 12 元时卖出，投资人会认为自己亏了 3 元，投资人不想认亏，希望股价重新回到 15 元再卖出，这样就能感觉自己的判断是正确的，自己没有犯错误，从而让自己得到心理平衡。"拒绝悔恨"这种现象在股市里也很普遍，是投资人心理因素导致的投资行为，也属于行为经济学范畴。

股票投资参考的主要财务指标

一、投资收益率超过 10%

投资收益率达到10%，是实业投资的一个通常的收益率要求。

二、资产负债率低于 50%

对于非金融公司而言，50%以内的资产负债率是一个安全的标准，越低越好，负债率过高是公司经营的重大隐患。你要记住：一个没有负债的公司是很难破产的。

三、经营性现金流为正

经营性现金流能覆盖利润，说明公司赚到的钱是真金白银。如果公司利润很高，但经营性现金流是负数，说明公司赚到的钱都是应收账款。现金流是公司的命脉，一个亏损的公司，如果经营性现金流好，可以活得很好。而一个经营性现金流持续恶化的公司，通常离倒闭也不远了。

四、现金储备充足

公司账上的现金，要足以覆盖短期债务，持有的现金越多，财务越安全。

五、预收账款多

公司预收账款多，说明公司的产品供不应求，说明公司经营状况良好。

第九节

股票投资的50条精髓

1. 股票投资的成功秘诀是：找到简单的方法，然后重复操作。

2. 股票投资不是撞大运，如果你想撞大运，那么所有的好运都会离你而去。

    股票投资的成功靠的是90%的勤奋，另外10%是运气。

    你一生中可能会有一次或两次好运（买入后就连续涨停），但是你不可能每次都有好运，否则你就不是人而是神了，可惜股市里没有神。

3. 如果你莫名其妙地赚到钱，你也会莫名其妙地赔光。在股市里长期赚钱的人一定是掌握了正确的、适合自己的投资方法，他们赚到钱一定是有原因的。如果你稀里糊涂地赚到钱，那么你八成也会稀里糊涂地赔进去。

4. 投资股票不能动用生活费用，只能用闲钱投资。

如果你动用养老金、买房子的钱、结婚的钱进行投资，那么你不会有良好的投资心态，从一开始你就输了。一旦你赔掉了自己的生活费用，就会影响你的生活质量，甚至让你陷入财务困境。

5. 不能借钱投资股票，因为这样超出了你的投资能力。

6. 你如果不怕赔钱就不会赔，你如果只想赚钱就不会赚。

你如果是用闲钱投资股票，即使这些钱赔光了也不影响你的生活，你就有了好的开始。你如果手里只有10万元，奢望用很短的时间把它增加几倍，你就赔定了。

7. 股市里没有专家，只有输家和赢家。

不要相信专家，如果他们能准确预测股票的涨跌，他们早就进富豪排行榜了。也不要被"专家"的头衔迷惑，比如博士、首席等等。你要记住一句话：一个博学的蠢材要比一个无知者蠢两倍。

8. 不要成为证券咨询公司的会员，因为你支付了咨询费，换来的是亏损。

9. 不要向别人推荐股票，因为赚了钱不归你，赔了钱你落埋怨。

每个人选择股票的标准不尽相同，你千万别自作多情，不要把自己看好的股票推荐给别人，那样你会里外不是人。

10. 不要看电视中的股票节目，那会让你更糊涂。

电视中的股票节目其实就是"股市猜猜看"，就是主持人和几个嘉宾一起给股市算命：明天是涨还是跌？这个问题永远都不会有答案。有的嘉宾天天说涨，因为总有一天会涨。有的嘉宾天天说跌，因为总有一天会跌。他们的话毫无意义。

11. 不要听信消息，你如果有100万元，再加上几条小道消息，你就离破产不远了。

独立思考是一种习惯，听消息也是一种习惯，如果你养成听消息的习惯，那么你早晚赔个精光。

12. 投资股票，风险控制永远放在第一位，只有不赔钱，你才有机会赚钱。

当你知道怎样做才能不赔钱时，你就学会了怎样才能赚钱。

13. 你要知道什么是止损，在什么时候止损。

当股票的市场表现证明你当初的判断是错误的时候，你要立即止损，卖出股票。止损的幅度最好控制在10%~15%。一旦亏损超过50%，你就被"腰斩"了。小止损只会"挨耳光"，而大止损往往会"断手脚"。

14. 你还要知道什么是止赢，在什么时候止赢。

当股票的市场表现达到甚至超过你的预期时，你要逢高卖出（当然你也可以继续抱牢股票）。我列出几条卖出股票的标准，供投资人参考。

1 股价一旦达到你设定的合理价位，立即卖出。

2 股价一旦达到你设定的合理价位的80%，立即卖出。

3 股票的市盈率高于行业平均市盈率20%以上，立即卖出。

4 股票的市盈率达到市场平均市盈率水平，立即卖出。

5 股价上涨一倍，立即卖出。

6 股价上涨一倍，卖出一半。

7 股价上涨50%，立即卖出。

8 股价上涨 50%，卖出一半。

15. 不要在卖出股票后埋怨自己。

股市中，这样一种现象经常出现，那就是投资人卖出股票后，股价继续上涨，甚至是大幅上涨。投资人在这种情况下往往喜欢自责，他们觉得自己本来可以赚得更多，所以该赚而未赚到的钱应该算是亏损。在这样的心理状态下，投资人在赚到钱之后，仍然有赔钱的感觉。

在此我奉劝各位一句：千万别跟自己过不去，你应该觉得高兴才对，因为你已经赚到钱了。

16. 一旦你犯了错误，就要勇于承认。

对于绝大多数投资人来说，承认犯错误是对自己情绪的毁灭性打击，他们会因此而备受煎熬。于是，他们继续抱牢亏损的股票，望眼欲穿地等待股价回升到他们买入的水平、甚至更高的那一天。在心理上，他们觉得皇天不负有心人，等待最终一定能使股价回升，原先的错误也会因此被一笔勾销。看看我们周围的"套牢族"，你就不难明白这一点了。

17. 不要跟股票谈恋爱。

投资人无法卖出股票的另外一个重要原因是同股票"恋爱"，觉得不能背叛自己的"爱人"。股票是你赚钱的工具，千万不要想太多。

18. 在牛市中，你要学会克制你的贪婪。

在股市中，做短线能赚钱，做长线也能赚钱，唯独贪心者赚不到钱。以下11种情况是最常见的贪婪迹象。

1 你有良好的掌控感。你觉得手中的股票没有问题，一切在你的控制之中。

2 你持有的股票一旦获利丰厚，你就认为都是自己的功劳。

3 你发现自己想更快地拥有更多的财富。你觉得一年10%的投资收益率实在太低了，在一年甚至更短的时间内增加一倍是很正常的事情。

4 你觉得"垃圾股"也很值得投资，而你平时是远离"垃圾股"的。

5 你对高价股越来越看好，认为它们的价格还会更高。

6 你觉得市盈率跟股票价格无关，用市盈率来衡量股价很愚蠢。

7 你一旦空仓，就有一种被抛弃的感觉。

8 你越来越关注小道消息，认为小道消息真的很准。

9 你的好胜心突然增强，你喜欢跟别人比试股票，从而证明自己比别人强。

10 你不再分散投资，而是集中资金买一只股票。

11 你认为这次牛市跟以往不同，这次牛市一定会长期持续下去，未来的十年一定是"黄金十年"。

19. 你在牛市中可以采用以下投资策略。

1 在市场平均市盈率高于30倍时不再买入股票。市盈率超过30倍表明市场没有投资价值了。

2 在市场平均市盈率超过40倍时卖出全部股票。市盈率超过40倍表明市场处于投机状态。

3 在股价上涨一倍时，卖出50%的股票，收回本金。收回了本金，你就是真正的赢家。

4 不要轻易换股票，因为牛市中所有的股票都会轮番上涨。

5 在牛市头部迹象出现时，逐步卖出股票，把资金投入债券或存入银行。

20. 在熊市中，你要克服恐惧心理，买入股票，你可以采用以下投资策略。

1　买入市盈率低于 10 倍的公司股票。只要公司收益稳定，
　　这就是合理的价格。

2　买入市净率低于 1 倍的公司股票。理由同上。

3　买入达到你心理价位的公司股票。你不可能知道什么时
　　候是最低的价位，可以分批买入。

21.　如果你长期看好一只股票，你可以采用定期定额投资的
　　　方法购买，定期定额投资可以摊平成本。

　　　你选择一只股票进行定投，其先决条件是这个公司不会
　　　倒闭。你可以选择银行、保险公司、关系国计民生的垄
　　　断性公司进行定投。

22.　即使你再看好一只股票，也不能把全部的钱投进去，因
　　　为那样就变成了赌博。

　　　不要把鸡蛋放在一个篮子里，这句话永远都是对的。

23.　如果你是个新手，你在开始投资股票时，最好把一半资
　　　金分次购买股票，再把一半资金分次购买指数基金，这
　　　样你会有一个心理适应期。

24.　股市没有"速成班"，任何人想成为一个成熟的投资人

都要经过10年的历练。

你要想成为一个成熟的股票投资人，至少要经过10年的历练，要经过道听途说、自以为是和风险控制这三个阶段（前面已经详细讲述），没有人能例外。

25. 不要天天看盘，那样你会经不住诱惑的。记住，K线图就是心电图。

盘面每时每刻都会告诉你股票的价格，但是这个价格并不能准确反映股票的真实价值，你要是天天看盘，就难免受到市场的影响，做出匆忙的买卖决定。记住，在股市里，勤快往往和收益成反比。

26. 股市中最赚钱的方法是：买入好公司的股票，然后长期持有，可惜没有几个人能做到这点。

你如果有长期投资的准备，精挑细选股票，买入后长期持有，那么你会是股市的大赢家。记住，时间是股票最好的朋友。

27. 如果你不想在分析股票上花太多的精力，那么你在低位时买入银行股和保险公司的股票是不错的选择。因为它们很难倒闭。

银行和保险公司的经营不太需要新的技术，它们的技术
不会遭到淘汰，只要经营得当，它们永远都不会破产。

28. 你如果在股市中想赚钱，就必须有耐心，耐心和时间是
股票最好的朋友，很多人输钱都是因为心急。

很多投资人在股市亏钱的原因都是没有耐心，总想着一
夜暴富，结果却一败涂地。没有耐心的人不适合进入
股市。

29. 任何事情都有两面性，而股市只有一面：正确的一面。

一旦你做错了，就会立即受到市场的惩罚：亏钱。

30. 投资股票不能做杠杆交易，那样你会死得更快。

31. 投资股票，赚钱是一种习惯，赔钱也是一种习惯。

当你有了自己的交易体系，可以稳定赚钱时，你就养成
了赚钱的习惯。反之，如果你没有自己的交易体系，那
么赔钱就会成为一种习惯。

32. 你要想成为一个赚钱的投资人，一定要经历赔大钱的过
程。因为，只有赔大钱，你才会知道什么是风险。

不管你看过多少关于股票的书籍，听过多少投资讲座，
都没有你赔大钱的经历来得深刻，赔大钱是最好的风险

教育。

33. 不要进行模拟股票投资，因为那根本没有用。即使你模拟投资做得再好，等你拿钱去投资的时候，你的心态也会完全不一样。

模拟股票投资就是纸上谈兵，要知道，真刀真枪地上战场和纸上谈兵完全是两码事。

34. 等你知道不该做什么才能不赔钱的时侯，你才开始知道该做什么才能赚钱。

投资股票的一条重要原则是：不要让本金亏损。等你深刻理解这句话的含义时，你就知道怎么做才能稳定地赚钱了。

35. 如果你把每次投资都当成一生中的最后一次，那么你亏钱的可能性要小得多。

36. 投资股票，你事先必须制订交易计划，不要听信别人的建议改变交易计划。

有的投资人本来计划买A公司的股票，可是到了交易大厅，看到别人都买B公司的股票，就跟着大家买B公司的股票，结果回家后就后悔了。你要记住，进场要有交易计划，交易不要听人比画。

37. 亏损是投资的一部分，你事先要有心理准备，你要做一
　　个懂输的赢家。

　　　你拿钱来投资股票，就要做好亏钱的打算，因为进入股
　　市的人90％都是要亏损的，只有10％的人能赚到钱。你
　　要成为那10％的人，就要坦然面对亏损，总结经验和教
　　训，最终成为一个懂输的赢家。

38. 投资失败是宝贵的经验，而成功往往有陷阱。

　　　任何一个成功的股票投资人都有过失败的经验，而且是
　　深刻的失败经验，失败是成功之母。而莫名其妙（自以
　　为是）的成功往往会导致惨重的失败，对此你一定要保
　　持清醒的认识。

39. 你投资股票赚到的钱，如果不取出来，就不是钱，而
　　是纸。

40. 你不要奢望买在底，卖在顶。你要学会留点儿空间让别
　　人赚，也留点儿空间让别人套。

　　　股价的顶和底，只有事后才知道，事先没人知道，因此
　　不要预测，预测毫无意义。你要做的是在合理的价格买

入，按照你制定的标准卖出。

41. 不要摊平买入亏损的股票，因为那会让你越套越深，不能自拔。

   如果你买入股票后，股价开始下跌，你可以选择止损。

   如果你不想止损，那么你也不要继续买入，因为你不知道股价会跌到多深，盲目补仓会让你的损失扩大。

42. 只有在一只股票赚钱时，才可以加码投资（加仓）。

   如果你买入股票后，股价一路上扬，你这时可以逐步加仓。

43. 只有在股票赚钱时，你才能做波段投资，而一旦赔钱你就要当机立断。

44. 股市没有新鲜事，都是在重复。

   股市里有句名言：年年岁岁股相似，岁岁年年人不同。

45. 休息也是一种投资。

   如果你看不清楚市场，你最好休息。如果你刚做完一波大行情，你最好也休息。休息的目的是让自己远离股市，让自己梳理一下思路，清晰一下判断，休养生息的目的是以利于再战。

46. 宁可错过，不可做错。

错过行情你不会赔钱，而做错了你就会赔钱。你如果没有冷眼旁观的心态，就不能成为股市里的赢家。

47. 投资股票要顺势而为，逆市操作想赚钱很难。

你投资股票，一定要顺应市场，不要逆市操作。如果市场是涨势，那么你不要做空。如果市场是跌势，那么你千万不要做多。

48. 股市对少数人来说是提款机，对绝大多数人来说是绞肉机。

49. 不管你看过多少关于股票的书，你进股市都要交学费，而且学费很贵。

50. 你投资股票要有长期打算，因为这是个"进去容易出来难"的地方。

从股市赚到钱的人，还想继续赚；在股市赔了钱的人，都想翻本；不赔不赚的人会不甘心。因此，进了股市的人都不想出来。如果你想进入股市，那么你最好有待一辈子的打算。

以上讲的都是我自己股票投资的经验和体会，仅供参考。适合你的股票投资方法需要你在实战中自己摸索，没有人能教你。你要记住，投资股票，只能靠你自己。

第十节

股票投资的"五个一"原则

一、一定要坚持独立思考

独立思考是股票投资的根本原则,投资靠的是脑子而不是耳朵,一定不能听信消息。还记得那句有关股市的名言吗?你如果有 100 万元,再加上几条小道消息,你就离破产不远了。记住,只能相信自己的脑子。

二、保持一个良好心态

在股票市场里,一个良好的心态和一根坚强的神经胜过一个聪明的大脑，心态决定投资成败。输赢本是平常事，透悟人生胜万金。

三、一定要用闲钱投资

用闲钱投资股票有利于家庭的财务安全，有助于保持一个良好的心态。在任何情况下，你都不能动用家里的应急钱和保命钱买股票，更不能抵押房子、抵押车子买股票，这是一条铁的纪律，必须严格遵守。

四、坚守一种投资方法

股票的投资方法可以说百人百样、千人千种。每个投资人都应该在实践中总结一套自己的方法，并不断地加以完善，最终形成一套适合自己的投资体系，千万不要人云亦云。

五、一定不让本金亏损

在股市里，比的是谁"活"的时间长而不是谁一次赚得多，只有活下来的人才有未来。因此要永远把风险控制放在第一位，只有先保住本金，才能谈赚钱。证券分析之父格雷厄姆先生说："投资股票有两条原则，第一条是不要损失，第二条是不要忘记第一条。"我们应该时刻牢记大师的教诲。避免亏损的诀窍就是掌握好两个安全边际：第一，给你的资金一个安全边际；第二，给你的股票一个安全边际。所谓安全边际，就是回旋的余地。切记！切记！切记！

你永远都要牢记：股市有风险，入市须谨慎！

金钱与人生

　　金钱是人们生活中的必需品，在现代商品社会里，没有钱的生活寸步难行。中国有句老话：“钱不是万能的，但没有钱是万万不能的。”这句话充分说明了金钱对人生的重要性。我对金钱的重要性总结了10句话。

　　第一，金钱是男人的胆。男人有钱才有底气，没有钱的男人必然气短。中国有句老话叫“财大气粗”，讲的就是这个道理。我年轻时，收入少，但又喜欢名牌服饰（人们往往越没有钱就越向往名牌产品），每次逛商场时，我都要驻足看看那些名牌服饰。每当售货小姐热情地说“先生，您喜欢的话，可以试一试”时，我往往感到心慌，甚至脸红，根本原因就是我兜里没有足够的钱。我想，有过我这种尴尬经历的男人不在少数。

第二，金钱是女人的脸。女人都喜欢漂亮，特别在意自己的脸，但是"有钱的脸"和"缺钱的脸"却相差甚远。首先，有钱的女人心态平和，因为足够的钱给自己的生活带来了安全感。缺钱的女人整日为生活奔波，为生计发愁，而这一切都会反映在她的脸上。中国有句老话叫"相由心生"，说的就是一个人的面貌往往是其内心的写照。其次，有钱的女人和缺钱的女人使用的化妆品价位和质量截然不同。据女性朋友介绍，几百元甚至上千元一瓶的化妆品同几十元一瓶的化妆品相比，护肤效果相差很多。你看看自己周围的女人，就不难明白这一点了。

第三，金钱是婚姻的根。如果我们把婚姻比作一棵树，那么钱就是树的一条根，只有这条根深，这棵树才能越长越苗壮。看看我们每天的生活，哪一天能离开钱呢？中国有句老话叫"贫贱夫妻百事哀"，说的就是这个道理。当然，这绝不是说钱是维系婚姻的唯一条件，而是表明，钱是维系婚姻的重要物质基础。

第四，金钱是爱心。在日常生活中，我们向父母表达爱心的重要方式是给红包（替代方式是买礼品），向孩子表达祝福的方式是给红包，向爱人表达爱心的重要方式也是给红包（或给现金）。2008年，四川省汶川县遭遇重大地震灾害，全国人民动员起来向灾区人民献爱心，献爱心的主要方式就是捐款。可见，钱是表达爱心的重要方式。

第五，金钱是文明的基础。物质文明是精神文明的基础，随着我们国家经济的快速发展和人们生活水平的不断提高，人们的精神文明程度也有了很大的提升。人们在生活富裕后，穿着会越来越得体，举止也会越来越优雅，同时也有经济能力去帮助那些遭受不幸的人。看看那些发达国家的人，再看看那些落后国家的人，精神文明程度的差别一目了然。

第六，金钱是人的尊严。穷人同富人相比，缺少了很多做人应有的尊严，中国有句老话叫"人穷志短"，说的就是这个道理。其实，对于国家来讲也是如此。1949年之前的中国，由于国家长期积贫积弱，长期备受国际列强的欺凌，中国人民更是被人看不起，被诬为"东亚病夫"。新中国成立后，特别是改革开放后，中国经济快速发展，国力大大增强，中国的国际地位持续上升，中国人民也由此得到全世界人民的尊敬，海外华人也活得更有尊严。

第七，金钱是人际关系的纽带。钱能拉近陌生人之间的距离，钱能让陌生人成为朋友。中国有句老话："没有永远的朋友，只有永远的利益。"彼此的利益关系是很多朋友之间"友谊"的基础，没有了利益也就没有了朋友。

第八，金钱是人生的动力。中国有句老话："人间熙熙皆为利来，人间攘攘皆为利往。"还有一句话叫"无利不起早"。这两句话都充分说明，"赚钱"是人生的一项重要动力。

第九，金钱能让朋友为你办事。人们在日常生活和工作中有很多事情都需要求助于他人，送"红包"就成为一个重要手段或感谢方式（当然是指在合法合规的正常情况下）。中国有句老话叫"有钱能使鬼推磨"，虽然直白，但有时能很深刻地说明这一点。

第十，金钱能让你成为自由人。人人都想成为自由的人，做自己想做的事情，但是绝大多数人一辈子都做不到，一个重要原因就是缺钱。一个人要想实现人身自由，必须首先实现财务自由，也就是说，有足够多的钱让你衣食无忧，你才能做到随心所欲。

金钱是人生非常重要的组成部分，但同时，人也不应该被金钱驱使，成为金钱的奴隶。希望这本《理财中的经济学》能给你带来一些启发，帮你理解理财中的经济学基本常识，学会如何合理地进行家庭财务管理，让金钱为你所用，成就更有意义的人生。